民國文人檔案，重建中

◆歷史說書人
江仲淵 著

推薦序

課本沒教的，往往是最有趣的部分

鄉民推爆網路人氣說書人　黑貓老師

這幾年不論是在課堂上，還是在網路上說故事，我發現一件很好玩的事：

如果講一個「課本說過的故事」，很少人會按讚；

如果講一個「沒有人聽過的故事」，觀眾們也興趣缺缺；

但如果講的是「課本有提到，卻和課本不一樣的故事」，哇！通常這就是按讚數最高、留言數破表、網路會瘋傳的故事。

人類天生就喜歡八卦，知名人士背後不為人知的一面，往往最能激發大眾的好奇心，點燃求知欲。

《民國文人檔案，重建中》就是這樣一本讓人愛不釋手的故事書。畢竟課本沒教的，往往是最有趣的部分。

在臺灣，因為時代的衝擊和政治的拉扯，造成以前的課本內容難逃服務政治的命運，畢竟現在的中華民國政府和當時的中華民國政府版本不太一樣，權力交棒了好幾輪，每一輪都試圖抹滅前朝的一切功勞，導致我們很難用客觀的角度觀察那個時代。

即便到了現代，教育改革了，思想較為開放了，可是我們的教科書為了避免爭議和順應時代潮流，還是盡可能地避重就輕，不願多加著墨於民國早期的那段紛紛擾擾。

民國這一段錯綜複雜的歷史，就這麼逐漸消失在時代的洪流中，乏人問津，不受重視。

許多曾經影響千千萬萬人的意見領袖，竟沒能在現在的年輕人心中留下半片足跡，即使有，可能也只是一個名字、一個頭銜，或只是一篇短短的文章。

儘管這些偉人的思想與行為，對現代人的人生和社會有莫大影響，但我們卻很少有機會真正地認識他們到底是什麼樣的人，過著怎麼樣的生活。

康有為、魯迅、胡適、傅斯年……這些名字大家都耳熟能詳，幹過的大事也略知一二。

但有人知道康有為，這個一心試圖拯救清國傳統的保皇大將，其實不但混幫派，還是個喜歡旅行的美食家嗎？

批判時事鏗鏘有力的魯迅，其實是愛鼠協會的成員，寫的小說充滿深度又富有哲理，但一離開書桌，竟然是一天到晚在街上欺負野貓的幼稚鬼。

帶起白話文學，領導學運，一手扛起民國教育大責的胡適，年輕時竟然每天和朋友窩在宿舍打牌、喝酒，與現在頹廢大學生完全一模一樣嘛！

傅斯年，前臺大校長，在政治動盪的年代裡，曾不只一次不顧自身安危與地位，跳出來保護學生，留下無數句熱血名言，樹立臺大獨立而自由的學術風氣，至今傅校長的精神仍守護著臺大學生。這樣一個偉大的校長，誰會知道他年輕時竟然是個愛打架、愛嗆人的大胖子，被老婆強迫節食的時候，還會去搶助理和學生的午餐。

這些故事一個比一個八卦，而且真的是有趣到不行，一篇接一篇看，就好像回到過去，和三五好友在速食店裡邊吃炸雞邊喝飲料，不談國家興亡，單純閒話家常，聽好友爆料另一個好友。

在其他地方看到這些人的名字，往往都是作者有目的的引用，不然就是只提豐功偉業、成就、思想等世俗、市儈的東西。

但這本書不一樣。

沒有什麼複雜的政治目的，沒有什麼沉重的爾虞我詐，每一個小故事看完，都像是更熟識了一位朋友，真正交心的朋友，在每次聊歷史都會變成論戰的今天，這樣的朋友實在太值得擁有。

作者序

未經包裝的文學產物

我不幸有點歷史癖，故我無論研究什麼東西，總喜歡研究它的歷史。因為我又不幸有點考據癖，故我常常愛做一點半新不舊的考據。

——胡適《水滸傳考證》

考據之道，盛行於清朝至民國初年，啟發了很多名聲響亮的學者，我們耳熟能詳的顧炎武、戴震、梁啟超等人都是門派下的一員。考據學最初之所以誕生，是因為當時的文人墨客受到政治時局影響，不敢寫出太自我奔放的文章，但又無法提起刀槍為言論自由奮戰，只好轉移注意力，一頭栽進考據學，希望能經由閱讀大量古籍，以及龐雜費時的考證，移轉異族統治的悲傷。

雖然考據學的起頭看起來沒有蕩氣凜然的氣節，卻為趨於腐朽的學術界帶來一種新興氣息——務實精神。從學術上來看，考據學當時是一個重大突破，重要性相當於文藝復興運動。人們爭辯時，再也不是參雜不理性的情感，把古代名家言論強行帶入；而是實打實地就事論事，走上實證的康莊大道。

那麼，為什麼要考據民國歷史，而不是明、清以前的封建史呢？

洋人敲開中國大門前，我們的史學角度還停留在狹隘的「正統歷史」核心史觀，粉飾一切不符合政治需求的內容，大力發展利於當權者地位的史料，人人都成了歌頌王侯將相的吹鼓手，但民國歷史就不然了。

民國史料是由多方角度構成，雖有幾派觀點占得高處，但總體來看還是比較公正，沒有哪個觀點可以一言以蔽之，否決掉其他說詞。特別是在學術界，大師輩出，各顯神通，百花齊放，兼容並蓄，每個人都有各自的道理。胡適、錢玄同等提倡白話文學；章太炎、黃侃等維護文言文學；辜鴻銘、王國維憧憬君主立憲；蔡元培、陳獨秀信奉民主自由……此等局面，不亞於春秋戰國之百家爭鳴。

不過說到此處，可能有人雙眼一瞪直問：「民國史縱然廣闊，但知名人物已被談論多次，再繼續考據他們的豐功偉業，究竟有何意義？」我還真得說，本書可不是普通的考證作品，一般這種類型的文章，多半將重心放在人物的生平歷程和學術成果，難免枯燥乏味，但本書不依循此種尋常套路，雖然考證，卻是有趣的逸聞軼事；貌似嚴肅，敘述方式卻是輕鬆愉快。套一句袁枚的話來說：「以妄驅庸，以駭起惰。」用大膽的筆法驅逐平庸，拿驚世駭俗的史實取代慵懶的想像，如果讀者讀慣了成說定見的一言堂，這本書肯定會讓您耳目一新。

在本書的命名方面，我躊躇了許久，總想不出來要取什麼，原先本想命名為「民國文人軼事集」，念起來雖然很順口，但總感覺少了點現代韻味；後來打算命為「民國文人很有梗」，但又略顯輕浮。好在經過多方討論，最終得出《民國文人檔案，重建中》，有人問我為什麼要用「民國」而非「民初」，這樣聽起來似乎政治不正確，但我認為民國一詞是比較適合形容此書，一來內容有部分非民初人物，二來比較好念。

我不是一位正經的學者，而是尋常的普通人，擁有七情六欲及多愁善感的一面，因此在閱讀史料的過程中，也常有意外的發現和樂趣。比如學者們的軼事特別引起我的注意，循著主題向上跋涉，還能找出更多不為人知的祕密，他們的真實型態究竟是什麼樣子呢？在上個世紀的二、三〇年代，知識分子是如何生活呢？每當我稍微接近一點真相，便欣然忘食，在浩瀚的史海裡翻騰雲遊、翩翩起舞。

為什麼要讀人物軼事？因為一個人的真實面，往往是在不經意間透露出來，比起閱讀那些經過包裝的文學產物，我們更可以從人物軼事，以及他處理軼事的方式，來了解最真實的一面。

歷史並沒有真相，但倚靠閱讀，我們可以無限地接近真相。序的最後，祝福讀者們從書山學海的跋涉中獲得樂趣，從歷史名人的小事情中見微知著，若是能收穫到一點知識，對我來說，將會是一種至高無上的成就。

目錄

第二章 一八九〇年代

第三章 一九〇〇年代以後

同場加映

第一章

一八八〇年代

1880

來一場說走就走的美食之旅吧！

——吃遍天下的康有為

人物小檔案

康有為（一八五八年三月十九日～一九二七年三月三十一日）清末維新變法的主要發起人，晚清著名保皇黨首領，宣揚尊孔復辟，反對共和制。

古人常說「民以食為天」，現代人也常說「吃飯皇帝大」，不管是皇族權貴，還是普通百姓，只要有一張嘴巴，吃飯肯定是最要緊的事情。歷史的脈絡往往與美食並肩而行，乾隆皇帝下江南遍賞江南風光的同時，也吃遍了江南美食；蘇軾被貶官期間同樣一邊含淚，一邊吃紅燒肉。

吃，是做為一個人類最基本的生活享受，也是文化傳承的重要見證者，在浩浩蕩蕩的五千年歷史洪流中，扮演著至關重要的角色。清末民初時期，中國的大門被打開，隨著西方各國思想、文化的引入，整個社會發生了翻天覆地的變化，大到政治體系，小至民眾裝束，使長久陷於僵固的飲食文化，綻放出最絢爛的盛世。

如果要評民國時期最強大的吃貨，「南海聖人」康有為肯定高票當選，他對吃的要求很高，而且各種風味都能接受。康有為文筆極佳，若是遇到合胃口的店家，會當即贈送對聯。他不辭辛勞，為了吃一次彭城魚丸，甚至可以大老遠從天津跑到徐州。六君子遇難，維新知識分子狼狽遁逃之際，康有為的心情居然還很不錯，臨走前聽聞素以風味香甜、酥脆多汁聞名於世的山東名優特產煙臺蘋果，居然冒著被逮捕的風險，偷偷去市場買了幾顆來吃。

讀到此處，我們就好奇了，康有為有多愛吃？他是從什麼時候開始當吃貨的呢？

我不是吃貨

我們都知道，康有為是戊戌變法的主要領導者，形象一直比較正面。因為主張開明專制、倡導維新運動，在當政的晚清時期宛如一股清流，不過教科書沒有告訴你，康有為的人品遠遠不是那樣高尚，他的人生經歷充滿了瑕疵；更沒有告訴你，他在「公車上書」之後，做了哪些見不得人的事情。

早年期間，康有為曾涉嫌抄襲他人作品，因此被主考官拒絕入選；中年的他曾擅自偽造光緒詔書，在海外私結幫派、斂財捲款；晚年的他色心難改，且私德極差，嫖完不給錢，欠了一屁股債。種種瞠目結舌的事蹟，讓凡是稍微深入了解清末歷史的朋友們，無不對康有為嗤之以鼻。

不過，我寫這篇文章可不是要來汙衊歷史人物，醜化歷史太膚淺了，而且往往觸及不理性且不客觀的一面，有意無意地選擇偏頗的史料，讓讀者只看到歷史的一面，這種事情，我不願做，也不想做，但若是以康有為的美食歷程來突顯他人生的荒誕面，也未嘗不是問題。

雖說康有為一生以吃遍大江南北菜色自豪，但他小時候並不貪吃。康有為從小接受祖父的高壓式封建教育，整日在家研讀儒術，採取「每日一錐」的學習方法——把五、六本書放於桌上，將一把鋒利的錐子用力刺下去，穿透幾本當天就讀幾本。倚靠這種「自虐」般的讀書方法，康有為在學識方面總是高於同齡書生很多。

康有為把中國的教科書讀完了，開始接觸新學，攻讀顧炎武、錢大昕等人的經世致用論著，再加上國家的危亡、現實的刺激，使年輕的康有為逐步認識到變法維新的重要性，胸中燃起了救國之火，立志要向西方學習，藉以挽救面臨危亡的祖國。

我們都知道，現在各國都以理科為重，搞文科的讀書人幾乎不怎麼好過，但當時文科卻是主流，話說得愈好聽，愈能獲得他人擁戴。康有為雖然對政治一竅不通，但由於滿懷理想、口才極佳，吸引了一票群眾的擁戴，連最聰明的梁啟超都被他糊弄住了。直至一八九三年，康有為的學生已有一百多人，其中就有梁啟超、林旭、譚嗣同、馬君武等著名人士，他們後來都參與了變法救國。

公車上書？

每個成功男人的背後，也許不會有了不起的女人，但絕對離不開了不起的時代。

一八九五年，清廷於甲午戰爭中大敗，千百年來地大物博的中國，第一次在東方的蕞爾小國日本面前輸到丟盔棄甲，更和日本簽訂喪權辱國的《馬關條約》，為歷朝歷代割地賠款創歷次不平等條約之最。瓜分危機迫在眉睫，激發康有為走變法之路的決心，準備與學生上書訴請變法，經過三次公車上書後，大清政府終於同意，推動了一系列政治、經濟、文教、軍事的改革，力圖挽救腐敗的王朝。光緒更將一群支持維新的新派官員拉上檯面，為老舊迂腐的朝廷注入新氣息，康有為也因此被封了個六品官（工部主事）。

一八九五年六月十五號，光緒接見了康有為。對當時的康有為來說，這是他人生最重要的時刻，這次的談話將決定中國未來的決策走向，就他本人的說法，他和光緒談了足足四個小時。其實這裡面灌水的水分足以淹死人，先不說談的時間，光是康有為的口音就讓光緒聽得很費勁。俗話說「天不怕、地不怕，就怕老廣說北方話」，康有為是廣東南海人，口音非常重。理想再好，也怕聽不懂，光緒聽著聽著就不耐煩了，這就是康有為唯一一次面見光緒。

此時我們就好奇了，以現代人的眼光來講，開會時，光緒做為東道主，案上肯定要擺上一些小茶、小餅乾表示誠意，若是空手接見風塵僕僕而來的康有為，未免也太失體面了。那麼，康有為究竟有沒有吃到東西呢？

我就不賣關子了，當然沒有。

原因不是禮儀問題，清朝的政治氛圍不算拘束，不大在乎君臣儀禮，早在乾隆時期，乾隆皇帝就會和大臣們一起吃飯，飲黃梅酒，等到微醺後就開始吟詩，好不快樂。皇上和臣子一同吃飯、討論國事，不是不可能的事情。

最主要還是歸咎於慈禧的吝嗇，慈禧從來不把光緒當人看，從小把他當作傀儡使喚，命令光緒每天一定要到面前請安，不命令他起來就不能起身。由於從小受到嚴酷的待遇，光緒對慈禧的畏懼已然成為習慣，後來也不敢萌生反抗的意念；就連在飯桌上也是如此，光緒身為一代皇帝，分配到的伙食經費卻少之又少，往往吃到三分飽就沒有下文了，饑餓的光緒想委託太監買燒餅和水煮蛋，慈禧卻從中作梗，以儉德為藉口制止光緒吃飯。

康有為就這樣空著肚子陪光緒聊了幾個小時，之後就告退回去了。

後來，戊戌變法遭到慈禧派阻擾，再加上變法本身存在諸多弊端，僅存活了一百多天，最終在「戊戌六君子[1]」被斬於菜市口而宣告失敗，康有為被迫逃亡國外避難。

離開中國後，年輕有為的康有為展開了吃貨之旅。

窮困的旅日時期

康有為雖然是在日本人的幫助下成功逃離中國，但到日本後，康有為感到很悲傷。為什麼呢？因為日本人是很現實的一群人，在他們看來，既然你的戊戌變法失敗了，再去討好你有什麼好處呢？他在日本的處境並不算太好，連下一餐會吃什麼都不知道。

日本當時的飲食文化很有特色，以前日本人的飲食大多圍繞在豆類、蔬菜和糙米，其中又以糙米為主，但明治維新後，整體國力迅速崛起，在全盤西化的國策下，老百姓的飲食習慣呈現大幅改變，改吃除去穀皮、穀胚的精米，也就是所謂的純白米飯，康有為雖然到日本很窮，只能買得起白飯，但日本精緻化的飲食，即使是三餐的配角——白飯，也讓康有為烙下了深刻印象。

在日本的這段期間，康有為究竟有沒有吃到傳說中的日本拉麵呢？我查閱了多方史料，得出一個結論：沒有！

不是因為康有為窮，而是拉麵的販賣據點太遠了。

康有為曾聽過拉麵的名號，但始終沒有在日本吃到。現代拉麵一開始是從中國內地發明，直到十九世紀末才引進日本，並開始在橫濱一代流行起來，累積了很高的人氣，可謂馳名海內外，無人不知，無人不曉。然而橫濱與當時居住在神戶的康有為相距五百多公里，縱使康有為知道拉麵很好吃，無奈相隔百里之遙，自然沒辦法喝到那香氣四溢的豚骨湯汁。

康有為的生活過得很糟，國父孫中山同情心噴發，邀請康有為來住所吃飯，並承諾資助他一些錢生活，換取他加入革命組織：「同為國事盡瘁，方法雖異，目標相同，冀改弦易轍，共同實行革命大業！」康有為默默地將孫中山的慰問金收進口袋，之後抬高額頭，蕩氣凜然地拒絕了孫中山的要求：「今上聖明，必有復辟之一日。余受恩深重，無論如何不能忘記，唯有鞠躬盡瘁，力謀起兵勤王，脫其禁錮瀛臺之厄，其他非余所知！」

康有為似乎覺得和革命黨曖昧不清「有失身分」，於是在日本待不到一年就去了溫哥華。

史上最早的海外華人黑幫組織

到了溫哥華後，康有為仍舊一無所有，他想了個主意，建立一個叫「保皇會」的組織，憑藉自己曾經和皇帝的關係，開始到處宣傳，很快就在海外獲得一定的社會地位，而且還募集到大量資金，很多海外有志之士便以康有為馬首是瞻，有記載說，康有為來一趟檀香山，可以募走一百萬大洋，而孫中山、汪精衛、胡漢民來檀香山嘶聲裂肺、苦口婆心地勸說半天，加在一起也不過募集三萬大洋而已。

保皇會成立後，規模迅速擴大，陸續在世界各地建立總會，支會更是多達一百多處，會員人數最多曾達到百萬人，每年還必須上交二元的會費。後來保皇會的發展變調了，幾乎成了一個海外大財團，華僑回國投資必須康有為本人同意，並加上各種條件（入股，分紅），否則必定混不下去；除此之外，康有為還不惜私自偽造密詔，向海外華人宣揚光緒皇帝需要「諸同志妥速密籌，設法相救」，並將募來的資金攢進自己的口袋。

史學者都認為史上最早的海外華人黑幫組織是洪門，錯了，要論輩分、規模與手段，洪門替保皇會提鞋都不配呢！

在日本過得很艱苦的康有為，一下子成了暴發戶，使他心裡出現了惡俗炫耀的欲望，他要讓所有人知道自己已經不是當年那位在日本街頭遊蕩的窮讀書人了，時常以隨從眾多、排場極大的氣勢出現在大眾眼下，藉此表達自身與普通人的差別，彰顯自我的優越性。

沒有美食的國家

印度和中國是具有許多共通點的國家，同樣是封建思想，同樣是人口眾多，同樣面臨著外敵入侵。唯一的不同點在於，印度已經被英國人侵略得服服貼貼，而中國還是有主權的國家。當時的康有為曾反覆強調中國要以印度為前車之鑑，如果不盡早實行變法，印度的現在就是中國的未來。

一九〇一年，康有為終於來到了朝思暮想的印度考察。

來到印度後，康有為深切感受到「印度無美食」背後的文明衰落，雖然他出行有馬車代步，休息有酒店供應，卻總是牢騷滿腹，原來，康有為長期旅居海外，習慣了西方乾淨講究的都市氛圍，印度市區陳舊髒亂，違章建築眾多，吃飯這關更是不及格，就他所說：「唯無酒樓食店，僅雞卵羊肉，蓋其王及士夫皆不出，唯市井首陀之賤族就食焉，故無美食也。」意思是印度連個像樣的飯館都沒有，王公富人們極少在外用餐，而一般市井（首陀羅）又無力享樂，難覓美食蹤跡。

康有為十分討厭在印度的遊歷生活，待不到兩年就迫不及待地離開了，比起髒亂的印度，他更加嚮往歐美世界。離開印度前，他寫了一本《大同書》，描繪理想中的烏托邦社會，提出了男女平等、社會正義等觀點，除此之外，他還提出一個構想：未來的發明家將會研製出一種食物，它比任何肉類都鮮美可口，比任何水果、蔬菜健康，從而不必殺生，這或許是對印度美食不足的牢騷吧！

貓匿啤酒——老康的一生摯愛

康有為周遊世界不只是考察政治，也是為了滿足口腹之欲。離開印度後，康有為先後跑去香港、檳榔嶼，又赴歐洲、美洲，遊歷生活精采絕倫，堪稱中國版「馬可波羅遊記」。讀者可別以為康有為為變法奔波賣命，過得很辛苦，事實上日子可輕鬆了，他老人家十分懂得品賞各種美食，而且還善於描述，回憶錄裡革命思想寥寥無幾，反倒充斥著各種山珍海味。他在《歐洲十一國遊記序》中把自己比作「耐苦不死之神農」，遊歷世界是為了「遍嘗百草」，尋找能夠醫治中國的「神方大藥」，能將食物如此無縫接軌地比喻成政治的歷史人物，大概只有康有為能做到。

康有為原本是不怎麼飲酒的，一九〇四年，他輾轉到了德國，看到歐洲人喜愛飲酒的風氣後，曾大發牢騷道：「吾觀歐美人醉酒之風，夜臥於道而嘩於市，歸毆其妻，而爭殺開槍致死者比比，閱報者日見之不鮮。」不過當他品嘗到當地的啤酒後，立刻收回上一段話，成為德國啤酒的忠實粉絲：「吾飲歐美各國之啤酒矣，皆略有苦味，不宜於喉胃，唯貓匿之啤酒入喉如甘露，沁人心脾，別有趣味！」康有為甚至很快到了每日必喝的程度，他把對德國啤酒的觀察，細膩地記錄下來，說「德國人無有不飲啤酒者」，還說德國人「飲啤之玻杯奇大如碗，圓徑三四寸，有高八寸而圓徑二寸，初現駭人」。

康有為最喜歡的德國啤酒叫「貓匿啤酒」，「貓匿」是他使用的譯名，由於當時人們在翻譯名字時，還沒有養成在下方留註腳的習慣，因此多數人都不曉得康有為喝的是哪一種啤酒。根據考據資料，「貓匿」指的也許不是品牌。當時的啤酒瓶會印上當地的各種俗諺，其中最著名的就是「男人也會感到口渴」(Männer haben auch Gefühle Durst zum Beispiel)，康有為很可能就是取自第一個字「Männer」的讀音翻譯。

以至後來他在荷蘭、英國等地遊歷時，在飯店看不到德國啤酒專有的大玻璃杯便悵然若失，猶日思飲貓匿啤酒，「不一飲之則喉格格索然」。

說句題外話，那時的酒類名稱都很奇怪，不避醜更不避俗，香檳叫做「三鞭」、威士忌叫做「尾士竭」，琴酒叫做「支因」，聽起來就讓人食欲全無吧！

周遊列國找美食

除了喝酒，康有為也十分懂得欣賞各種美食。斯德哥爾摩的海鮮、匈牙利的生牛肉配醬，以及法國的高級餐點，他都吃過了。不過他對法國的美食充滿怨言，味道清淡，卻又昂貴無比，「一般飯店，三人一餐，一蒸雙魚，一白筍條，一雞湯，一雞與茶及紅菩提酒，竟花費近百法郎。」這也難怪了，康有為是華人，吃慣了華人的菜，法國菜雖然精緻奢華，但由於料理少且吃不飽，加上用餐時間很長，自然沒有辦法體悟法國菜的講究。

綜觀康有為的一生，飲食口味顯然與一般中國人相同，總結起來，他喜歡肉多、香料多、味道濃郁的餐點，食品既能調味又能切碎，其一切肉品要是切片，且先下味。例如他親自前往歐亞交界考察時，吃到的土耳其美食就深得他的愛戴：「土食品甚能調味，又能切碎，遠過歐人，法、班、葡且不及，其他國無論也。其一切肉品並切粒片，且先下味，極類中國。」他在土耳其大吃特吃牛羊雞鴨、點心麵食，胃口特別好。

活在共和的保皇分子

辛亥革命推翻了清朝的腐敗統治，建立中華民國。康有為創辦《不忍》雜誌，主張「以孔子為國教，配享天壇」，企圖復辟清朝，隨後專程到青島拜見溥偉[2]。當天是冬至，溥偉按照宮裡的規矩，留康有為在王府吃餛飩，雖然沒有談到幾句話，但康有為能一睹「真龍之尊」，自然士氣大振。

此時的康有為已成為封建勢力的代表者，遭到不少革命人士反對。當初保皇會之所以會有這麼多人參加，不是因為大眾想要這樣，而是因為他們不相信革命能成功，但為了國家進步，只能退而求其次，選擇保皇會。如今共和既已成立，若是為國家著想，為什麼還要耗費精力向後倒退，追求一個「次等」的政治形態呢？

康有為幾乎成了所有知識分子的笑柄，不過他仍不放棄一切機會。

一九一七年七月一號，康有為和效忠前清的北洋軍閥張勳發動復辟，擁立溥儀登基，不過那只是一場鬧劇，溥儀僅穿了十二天的龍袍，馬上又換上普通人的馬褂。康有為遭到通緝，潛逃上海，此時的他早已不是當初那位意氣風發的變法領袖，隨著年齡增長，雄心壯志一天天變得渺茫，這種生活多少有些悲傷色彩在裡頭。最終，他走到了政治生涯的盡頭，在眾叛親離的狀況下被迫離開政壇，就此在漫長的歷史長河中被遺忘、淹沒。

以美食忘卻失意

在此期間，康有為的情緒很糟，為了填充內心的空虛與寂寞，他又開始旅行，試圖在滿目的美景中忘卻政治上的不得志。旅行對康有為來講有更深的一層意義，在政治上的他，身敗名裂，名聲狼藉，但旅行時，他可以「無絲竹之亂耳，無案牘之勞形」，和一般人一樣，體驗社會的美好，擁有普通人的待遇。

康有為選擇了河南開封做為第一次國內旅行，我們現在想到開封市，腦袋都會浮現出一個窮凶惡極的模樣，報紙上只要有開封出現，不是詐騙活動的警示，就是經濟停滯的報導，好像這座八朝古都什麼都不是，其實在一百年前的民國時期，開封是個響噹噹的大城市，客商雲集，異常繁華，當地人熱情款待康有為，請來歌伎助興，並精心烹製了煎扒青魚頭尾等開封特色名菜。當地的鄉紳也魚貫入場，拜訪康有為，他們衣著華麗，神色愉悅，舉杯共慶六十五歲的康有為松鶴長春，情景就像當年海外的盛景一樣，康有為勾起了對諸多往事的苦思苦戀。

康有為吃完飯後，眼眶不禁溼潤，嘴角浮現一抹欣慰的微笑，他請人拿來紙筆，寫上「味烹侯鯖」四個大字，隨後他餘興未盡，又在一把摺扇上題寫「海內存知己，小弟康有為」，要贈給做這道菜的主廚。

經歷過大風大浪後，康有為嘗盡了人情冷暖，驀然回首，發現從頭到尾只有美食沒有背叛過他。康有為向來非常講究身分，君是君，臣是臣，父是父，子是子，然而在這普通的一餐中，個性強硬的康有為，卻甘願自稱「小弟」，而且對象還是年僅二十七歲的廚師，讓我不禁想起「中華一番」的那句名言：

「料理不能只是好吃而已，必須替人帶來幸福的感覺，只要心中常保永不熄滅的熱情，總有一天會像它一樣綻放出光芒。」

最後的晚餐

二十多年的流亡生涯，使康有為嘗遍了中外的各種美食，對美食也有獨到的見解。在那個年代，康有為可以稱得上是第一號美食家，但他萬萬沒想到，偏偏是這個愛好讓他命喪黃泉。

一九二七年三月十八日晚上，康有為來到青島中山路附近的一家粵菜館英記酒樓用餐，能夠在青島吃到家鄉菜，他十分滿意。飯後意猶未盡地喝了一杯柳橙汁，不久便突然感到腹痛難忍，當天晚上嘔吐不止；第二天清晨五點三十分，他在臥室中七竅出血而死，享年七十歲。

康有為死亡的真正原因一直是個謎，後世的史學家爭論不休，有人說他是被國民黨特務投毒殺害，也有人說是日本人下的毒，甚至有慈禧餘黨之說，總而言之，論點多不勝數，卻無法達成基本共識。不過與他最親近的七女兒康同環，顯然有自己的獨到見解，她說：「康有為卒前掙扎痛苦，七竅都有血漬，當然是中毒的現象，可能是英記酒樓的食品不潔所致，未必是因為政治鬥爭而犧牲的。」

如果是因為這樣致死，康有為的死法也未免另類得有點不可思議，不知道是該惋惜還是嘲笑。有人為財而死，有人因色而亡，有人奪權而隕。歷史上為了私欲而駕鶴西歸的人不少，只是康有為的傳奇更多體現在這有點特別的私欲上。後人對此哭也不是，笑也不能，只能化做一聲無奈與苦笑。

老康傳奇的一生，就這麼結束了。

---

1 清代光緒二十四年（一八九八年），慈禧太后在戊戌政變時所逮捕並斬首的六名變法派人士，分別為譚嗣同、林旭、楊銳、楊深秀、劉光第與康廣仁。

2 恭賢親王溥偉，號錫晉齋主，愛新覺羅氏，是第一代恭親王奕訢嫡孫，歷任官房大臣、滿洲正紅旗都統、禁菸事務大臣等要職。

從「假洋人」到「真中國人」

——辜鴻銘的「退步」之路

人物小檔案

辜鴻銘（一八五七年七月十八日～一九二八年四月三十日）精通西洋語言兼及東方國學，是提倡東學西漸的第一人，曾翻譯《論語》、《中庸》和《大學》，著有《清流傳》和《春秋大義》。

民初的學術大師，通常是始於中學而傾於西學，唯有辜鴻銘是始於西學而傾於中學。他從小在歐洲長大，接受最完整的西方教育，是當時外國學歷最高的中國人。照理來說，生長在自由環境的他，理應對老舊的中國文化嗤之以鼻才對，然而歸國後卻屢次明言西方思想的不好，極力提倡中國人要保留自己的文化，他和外國人曾有這麼一段對話：

外國人：「為什麼中國人留辮子？」
辜鴻銘：「為什麼外國人留鬍子？」
外國人：「中國婦女裹小腳不人道。」
辜鴻銘：「你們西洋女子為何要束腰呢？」
外國人：「你的祖先什麼時候會來享用這些祭品？」
辜鴻銘：「應該就是在你們的主聽到禱告之聲，你們的先人聞到所孝敬的鮮花那個時候吧！」

辜鴻銘從一開始的西服高帽、鵝毛洋文，到後來穿著長袍馬褂、寫文言文、提倡一夫多妻，並招裹小腳的女子為妾，以中國人之身習得歐洲人之體，又從歐洲人之體化為中國人之魂，其變化之奇異，令人拍案叫絕。

非比尋常的出身

關於辜鴻銘的出身，他有一番非常獨到的描述：「我生在南洋，學在西洋，婚在東洋，仕在北洋。不但在中國，即使在世界上，本夫子也算得上是獨特的一個了。我是一個標準的『東南西北人』。」

辜鴻銘出生於南洋檳榔嶼的世家大族裡，父親辜紫雲是當地響噹噹的經商人物，經營的橡膠園不但擁有許多外國員工，自己也娶了一位葡萄牙人為妻，日子過得得意且充實。辜鴻銘正是在這種多元文化氣息的生態下成長，做為混血兒，他自幼對語言就有出奇的理解力，不但懂原文，還能說中文、閩南話、英語和葡萄牙語。

辜紫雲一直想讓辜鴻銘出去見見世面，但又擔心兒子在外頭不安全，想陪他一同留洋，卻奈何自己年老體衰，不能出外闖蕩了。直到有一天，辜紫雲的橡膠園合作夥伴布朗夫婦來訪作客，這兩位無法生育的英國夫婦看中了聰明機靈的辜鴻銘，再三請求辜紫雲過繼給他們；辜紫雲起初是千百個不願意，但耐不住夫婦的苦苦哀求，以及「給予辜鴻銘最好的教育」的承諾，最終還是同意了。

一八七〇年，辜鴻銘正式被義父帶往歐洲留學，臨行前，辜紫雲要求他在祖墳前磕頭，並保證「無論到何處都不忘自己中國人的身分」。義父布朗也告訴他：「你是中國人，你的祖國已被放在砧板上，惡狠狠的侵略者正揮舞屠刀，準備分而食之。我希望你學通中西，擔起富國治國的責任，教化歐洲和美洲。」

離開熟悉的故鄉，十三歲的辜鴻銘被帶往遙遠的英國，心情格外地無助與徬徨，陌生的國度、疏冷的面孔，無不讓他想念故居。好在義父布朗謙和有禮，對辜鴻銘非常照顧，除了資助他讀書、生活，閒暇之餘，還會對他講些人生大道理。

辜鴻銘在學習方面的表現一直很突出，在愛丁堡大學文學院獲得碩士文憑後，又到法國巴黎、德國柏林、義大利和奧地利等國遊學三年，將英、德、法、義、日、拉丁和希臘語文學全部掌握，並獲得包括文、理、工、哲等多科的十幾項文憑。別說同年紀的人了，就連辜鴻銘的老師也沒有辦法達到如此成就。

辜鴻銘的外語能力究竟強到什麼程度呢？有天他乘坐火車時百般無聊，順手掏起一份報紙，趾高氣昂的洋人們一瞥，個個笑得東倒西歪：「瞧那個中國佬，連報紙都拿顛倒了，還自以為有那麼回事！」這時，辜鴻銘懶洋洋地抬起頭，張嘴就拋出一串字正腔圓的德語：「你們的文字太簡單了，若不倒過來看，還有什麼意思？」辜鴻銘還用歌德的語錄，教訓他們該如何尊重人，讓這群人羞得面紅耳赤。

後來，辜鴻銘得知在南洋的父母先後去世，決心遵從父親「回到東方來，做個中國人」的遺命，準備歸國貢獻。布朗夫婦起初很反對，但在辜鴻銘的勸說下，最終還是同意東返。臨行前，夫婦相告帶他到歐洲求學的目的，是為了替他戴上一副具有透視能力的西洋鏡，學會剖析東方與西方文化的不同。

辜鴻銘就這麼乘著輪船，回到了朝思暮想的中國。

歸國從仕

轉搭香港的船時，辜鴻銘遇到了幾名嘲笑中國的英國商人，他一邊操著流利的英式罵人俚語，一邊朝他們走去，把他們全部趕跑了。同船的廣州候補知府楊玉書將一切看在眼裡，主動上前搭話，並邀請辜鴻銘到兩廣總督張之洞的門下做事。

辜鴻銘進入晚清重臣張之洞幕中，被委為洋文案，辦理邦交諸務。一八九八年，日本首相伊藤博文訪問中國時，辜鴻銘曾負責接待他一段時間。伊藤博文知道辜鴻銘是頑強的守舊派，便想挫挫他的銳氣：「先生留學歐美，精通西洋學術，難道還不明白孔子之教能行於二千多年前，卻不能行於二十世紀的今天嗎？」

辜鴻銘並不感到難堪，順勢反駁：「孔子教人的方法，就好比數學家的加減乘除，在數千年前，其法是三三得九，如今二十世紀，其法仍然是三三得九，並不會三三得八！」

由於辜鴻銘在外交事務處理得特別細心，當武漢大學的前身——自強學堂成立之後，大家都推舉辜鴻銘擔任校長，但他拒絕了，辜鴻銘認為校長就是一個花瓶，整天待在辦公室裡閒著，不如講師來得有用。

辜鴻銘授課非常受學生歡迎，全校師生景仰，他上課時並不呆板，有時甚至很幽默，會將西方與東方文化併在一起比較，據歷史學家羅家倫回憶：「辜先生對我們講英國詩時，有時會說：『我今天教你們外國大雅。』有時說：『我今天教你們外國小雅。』有時則說：『我今天教你們外國國風。』有一天，他異想天開地說：『我今天教你們洋離騷。』」

辜鴻銘的前半生幾乎都在歐洲度過，但這麼一位充滿洋味的老師，竟不「崇洋媚外」，反而極力提倡中國文化的好。有一次，學生在課堂上問辜鴻銘：「老師，您去過不少國家，您認為哪個國家的人最懂得生活呢？」辜鴻銘回答說：「要說生活，我們中國人最懂。」學生們哄堂大笑，要知道，當時的知識分子們多少都有點媚洋情緒，辜鴻銘自豪地回答，引起學生們廣泛的興趣，又有學生問：「最懂得生活的我們，為什麼還要學英文呢？」辜鴻銘擲地有聲地說：「我要告訴大家的是，學好了英文，好去教育那些西方蠻夷！」

拖長辮子的北大教授

民國時期曾出現三條赫赫有名的辮子，一條是「辮帥」張勳[1]的辮子，一條是教授王國維[2]的辮子，一條就是辜鴻銘舉世聞名的灰白辮子，由於辜鴻銘活得最長，也就成為了「民國史上最後一根辮子」。

我們都知道，辛亥革命成功後，新成立的民國政府對象徵封建統治的辮子極為反感，因此頒布了「剪辮令」，只要是人群聚集的地方就有剪辮手伺候，不管人們願不願意，只要經過就必須留下辮子。為了不讓心愛的辮子無辜葬送，辜鴻銘堅守在家，一步不出，直到好幾個月過去，政府紛紛撤走剪辮手時，辜鴻銘才拖著那條久不梳理的小辮子在公眾面前亮相。

辜鴻銘後來結識了恩人蔡元培，並被他挖角進入北大主講外國文學。辜鴻銘第一次拖著辮子走上北大課堂時，臺下的學生哄堂大笑。辜鴻銘沒有感到難堪，他等學生笑完，清了清嗓子說：「諸位不必笑，我頭上這根小辮子，要想除去容易得很；但諸君心裡那根辮子，要想除去就沒有那麼容易了。」學生們聽到這句話後都沉默了。

以取笑洋人為樂

清末民初，洋人在中國的地位非常高，動不動就批評中國的文明落後野蠻，讓辜鴻銘深受刺激。對在西方長大的他來說，中華文明即便不比西方高明，但也不比他們低劣，洋人憑什麼對我們說長道短？

於是，辜鴻銘在課後休閒之餘進行翻譯，別人把外國的經典著作譯成中文，他倒相反，將中國的傳統哲學著作《論語》、《中庸》、《大學》譯成英文，並在海外印刷出版，大力向世界宣傳中國文化。

辜鴻銘為宣傳中華文化可謂盡心竭力，曾多次於六國飯店發表英文演講《中國人的精神》*(The Spirit of the Chinese People)*，以理想主義的熱情向世界展示中國文化才是拯救世界的靈丹，同時，他對西方文明的批判也是尖銳、深刻，以東西文化做對比，批評西方過於著重物質享受，進而失去了精神上的富足。

中國人從來沒有售票演講的先例，辜鴻銘卻要售票，而且票價比戲曲大師梅蘭芳的演出足足多了快一半，即使是這麼高的票價，還是有很多人買不到票。洋人們爭先恐後地花錢來被辜鴻銘羞辱，這也算是史上頭一遭吧！

素來以鐵嘴銅牙聞名的辜鴻銘，罵起人來用詞往往令人拍案叫絕，外國人不但不會生氣，反而會為其論點感到佩服。辜鴻銘很快就在海外引起巨大轟動，《中國人的精神》後來被集結成書，在世界各地翻譯出版，辜鴻銘用自己的意志維護中國文化的尊嚴，改變了部分西方人對中國的偏見，獲得國內乃至整個西洋文藝界的欽佩。

從假洋人到真中國人

備受外國人追捧的辜鴻銘，在中國文人的眼下卻是以怪異著稱。民國時期的中國文人好面子，出門必須光鮮亮麗，而辜鴻銘相反，他最討厭的就是裝飾和打扮，常年只穿一件油光可鑑的棗紅色馬褂，梳著灰白小辮、戴著瓜皮小帽，就這麼出門了。拜訪過辜鴻銘的英國文豪毛姆（William Somerset Maugham）在〈哲學家〉中曾經寫道：「辜鴻銘身上的衣服已經『很不適宜穿戴了』。」

辜鴻銘的辮子是北京大學的一大奇觀，以思想先進著稱的北大，雖然對待新事物的態度開明，但對傳統卻不友善。陳獨秀取笑他是個可笑的「復古向後退的怪物」，向來溫良恭儉的胡適也批評他「立異以為高」，但這些行為反倒讓辜鴻銘更藐視西學了。在北大期間，辜鴻銘曾對以下傳統制度做過評論。

一、文言文

辜鴻銘想證明文言文不是所謂的死文學，和胡適在北大期間吵得很凶，可謂片刻不得安寧，雖然學生們大多力挺胡適，但辜鴻銘仍有方法擊敗胡適。有一次，辜鴻銘將莎士比亞（William Shakespeare）的詩用通俗英語寫了一遍，再與原文比較，證明了用通俗英語描述莎士比亞的詩歌會詩意全無，「如果胡適明白了這一點，也就會見識到這種文學革命的極端愚蠢」。

二、仕紳風度

辜鴻銘是五四運動裡的冷眼人，認為在學生中，受眾鼓動和頭腦發熱的居多，他曾在《中國人的精神》說「中國人給人留下的總體印象是『謙遜有禮』（gentle）」，而五四運動卻抹殺了那種特質。原本能對等談話的新舊文人，如今卻倒向一邊，舊式文人成了鬥爭的對象，文言文成了腐朽老舊的象徵。學生的種種行徑使辜鴻銘大為震怒，在報章雜誌大罵學生是暴徒。

有一群學生不滿此番言行，但又辯不贏他，於是來到辜鴻銘的家門前進行暴力討教，沒想到辜鴻銘竟不害怕，跳出來對這些學生怒斥道：「我連袁世凱都不怕，還怕你們！」

三、納妾制度

辜鴻銘非常嚮往傳統文化的納妾制度，自己也納了妾。曾有一名英籍貴婦在宴會上問辜鴻銘：「為什麼一個男人可以娶許多女人，而女人不可以反過來有很多男人呢？」辜鴻銘當即答覆：「男人好比是茶壺，女人恰如是茶杯，夫人見過一把茶壺配四只茶杯，可曾見過一只茶杯配四把茶壺的？」

四、裹小腳

辜鴻銘喜歡小腳女人是舉世皆知的事，據說他的正室淑姑之所以在丈夫移情小妾後能保住正室的地位，重要的原因之一就在於她有一雙道地的「三寸金蓮」。辜鴻銘有個怪癖，喜歡在寫作前聞臭的東西，妻子的一雙臭腳成為刺激靈感的寶貝，辜鴻銘曾有這樣一段「妙論」：「女人之美，美在小足，小足之妙，妙在其臭；食品中有臭豆腐和臭蛋等，這種風味才勉強可與小腳比擬。」

辜鴻銘的歷史評價

很可惜的是，雖然辜鴻銘贏得了國內外的掌聲，但在西方文化甚囂塵上的中國學術界，辜鴻銘做為保守派的代表，他的貢獻始終沒有得到認可。一九二〇年，在與陳獨秀、胡適、羅家倫等新文化旗手的鬥爭中，勢單力薄的辜鴻銘敗下陣來，被近乎恥辱性地逐出北大，在外閒居數年。

一九二七年間，辜鴻銘被張作霖[3]聘為顧問，不久又被山東軍閥張宗昌委為山東大學校長（當時山東大學又稱「亞歷山大」，意思是「亞洲歷城縣山東大學」），張宗昌是極為守舊之人，凡是屬於舊的都是好的，凡是屬於新的都是壞的。曾強制命令華北各學校恢復孔子教育，每逢開學典禮和孔子誕辰就要穿長袍馬褂，對孔子牌位行跪拜叩首禮。

辜鴻銘見張宗昌「復古」績效不錯，於是一拍即合，承諾會在明年就任校長，但還沒等到這一天的到來，一九二八年四月，辜鴻銘便因病逝世，享年七十二歲。彌留之際喃喃自語：「名望、地位都不過是泡泡，轉瞬即逝。」

辜鴻銘是一位逆時代之流而上的叛逆書生，他對中西方的文化都有很深的了解，被人們稱為「清末怪傑」，在極端保守的清領時期，掌握著英、法、德和希臘等地區的九種外國語言，並且獲得十三個博士學位，在那個時期可以說是精通西洋文學、科學、語言學的中國第一人了。

辜鴻銘大可迎合時局，倚靠這些知識在國內颳起叱吒波瀾，但他選擇不要，他不喜歡西洋文化，談論中國舊文化時，認為舊文化裡包含著豐富知識，不比西方思想差。西方思想雖然華麗，但並不實在；而西方思想中的一些東西，在中國舊文化裡也是存在的。

「眾裡尋他千百度，驀然回首，那人卻在燈火闌珊處。」當你環遊世界，吃了異地的各種美食後，還是最喜歡家人做的東西；辜鴻銘靠著歐洲的學識成長，但入得了他的法眼的，最終只有中國文化。

1 清末民初將領，民國建立後仍表示忠於清室，刻意不剪髮辮，故綽號「辮帥」。

2 國學大師，和梁啟超、陳寅恪、趙元任號稱清華國學研究院的「四大導師」。

3 張作霖，字雨亭，小名張老疙瘩。曾任中國陸海軍大元帥，有「張大帥」之稱。北洋軍奉系首領，也是北洋政府最後一個掌權者。

只要你有才，歡迎趕快來
——蔡元培的復興北大之夢

人物小檔案

蔡元培（一八六八年一月十一日～一九四〇年三月五日）近代革命家、教育家、政治家，也是中國近代民族學研究的先驅。曾任中華民國首任教育總長、北京大學校長，主導教育體制改革，是北京大學的精神象徵。

一九一七年一月四日，北京大學外面下著細雪，冬末的天氣春寒料峭，走在街上的同學們緊包著厚厚一層衣物，仍不自覺地打了寒顫，人行道中的梅花已經盛放，只不過滿園的花兒雖美，北大的學生卻無意駐足欣賞，他們呼朋喚友，跑到了校園門口，好奇地迎接新校長到來。

很快地，一輛四輪馬車駛進了校門口驟然剎住，蔡元培撩簾走了下來。門口的校工們早已整齊分立兩側，齊刷刷地向迎面行來的新校長鞠躬致敬。蔡元培摘下禮帽，深深一躬以示回敬。校工們面面相覷，全都驚愣了——這在北大是前所未有的事情。北大是官辦大學，校長是內閣大臣待遇，從不把校工們放在眼裡，蔡元培初來乍到便有此行狀，令一旁觀望的學生們全都提起了精神，他們相信這位新校長會復興沉淪已久的北大。

北大沉淪

來到北京大學後，蔡元培的座席尚未坐暖便急著改革現狀，首先做的第一件事情就是凝聚學生們對北大的「愛校心」，讓學生發自內心地敬重這所學校。蔡元培從最容易看到的表面開始做起，當時北大的校徽還沒有統一，若想表示自己來自北大，就只能用中文書寫出來。蔡元培請託師生設計一個好看且令人過目不忘的校徽，這枚校徽採用中國傳統的瓦當形象，將「北大」兩個以篆字上下排列，左右對稱整齊，具現代感卻不失傳統風味。

從這個起頭開始，北大開始了深入的改革。

正如前言所說，北京大學當時已經沉淪了一段時間。我們現在想到北大，腦海中浮現出的詞彙無非是「中國第一學府」、「讀書強勁成績好」一類稱頌之詞，北大的大部分時期確實如此，但民國初年曾因急缺資金，辦學困難，教學質量呈現急速下滑，一九一一年至一九一七年的北大就像是一間學店，別稱「官僚養成所」，由於請不起高學歷的教師，很多教職員都是清朝留下來的腐朽官僚，所謂講課，就是把講義分發給學生，再誦讀一遍就完事；學生大多無心進行學術研究，在學校裡喝酒、打麻將多不見怪，入學只為了拿張文憑，將來好做官。

歷年的管理不當，北京大學已然成為一塊燙手山芋，此前北大已經換了四任校長，他們起初都是抱持著偉大願景，最後卻灰溜溜地離開了。蔡元培接受委任狀前，朋友紛紛上門勸阻不要赴任，以免敗壞聲譽，得不償失，但蔡元培還是抱著一顆赤誠之心，接下這個爛攤子：

「我的興趣就在大學，大學是最能夠培養出精英的地方，在現在中國，面對列強，如果有一批高端人才，那麼中國就有希望崛起。」

大張旗鼓改革去

蔡元培倡導教育救國，號召學生踏踏實實地研究學問，不要有非分之想，當時的北大烏煙瘴氣，學生中流行著一種壞風氣，就是「結十兄弟」——十個學生結拜為兄弟，畢業後各自鑽營做官，誰的官大，其他九人就到他底下做事情；如果這個官是花錢買來的，費用就由十人分攤，可謂有福同享，雞犬升天。除此之外，學生與教師的私生活也是一塌糊塗，皆養成了逛妓院的嗜好，中國理論學者陶希聖回憶，京城八大胡同（妓院集中地）的顧客來源有「兩院一堂」的說法，所謂「一堂」者，指的就是北京大學。

蔡元培因應時局，創造大量大學社團，以健康娛樂代替聲色犬馬，同時要求教務人員必須以身作則，達成「不嫖、不賭、不娶妾」的三項基本要求。

不過，有規矩就難免有破壞，而破壞戒律的人，正好是蔡元培一手提拔的陳獨秀。陳獨秀為人比較倔強，喜歡我行我素，蔡元培呼籲改變風氣時，依然流連於春色之中，他逛妓院不是一個人，而是結伴一起逛，同行的人還不是同事，而是剛成年的大學生，陳獨秀與學生曾為同一妓女爭風吃醋，抓傷妓女下體以洩私憤，後來竟然被報章雜誌傳出去了。

蔡元培雖然傾慕陳獨秀的才能，但再這樣下去可不行，為了豎立威嚴，他不得以放假一年為由，將陳獨秀勸離北大。

當時校內還有一個問題，就是外國教職員學問參差不齊，北大之前為了讓校園看起來國際化，特地招募了一批外國講師，但校方不懂得挑人，加上英國領事館從中作梗，導致招來的導師作風懶散懈怠，很多都是「靠臉吃飯而來」。蔡元培開始辭退見識不合格的教師，有兩名英國人丟了飯碗，氣得要控告校長，他們請英國公使發表抗議，並揚言要把蔡元培扳倒，但蔡元培從不理他們，專心做自己的工作。

百家爭鳴

改造北大，就像是外科醫生替奄奄一息的患者進行換心手術，現在舊的心臟已經去除，該把新的置入進去了。

蔡元培大力網羅優秀的人才為校所用，從學富五車的舊式學究，到學貫中西的新式學者，只要有學問，北大都歡迎他們到來。當時在職的教師有胡適、陳獨秀、李大釗、魯迅、徐悲鴻、熊十力、馬寅初、黃侃、翁文灝、朱家驊等，在學的學生則有傅斯年、羅家倫、馮友蘭、朱自清等，無一不是光芒萬丈的人物，無一不是學富五車的大師，他們都是在這個時候湧入北大，從此走向了中國學界的舞臺。

招募的人裡面有許多在本書有所著墨，我們挑出三位不會介紹的角色，說明他們是如何進入北大的：

姓名：沈伊默

個性：容易受刺激。

貢獻：書法風格自由化的推手。
地位：書法大師，與于右任並稱「南沈北于」，遺墨賣得非常之貴。
能把自身最大的缺點努力變成最大的優點之人，全中國大概只有沈伊默一人。
沈伊默原本想當詩人，但他的字並不漂亮，親友賞閱詩詞時，總不把注意力放在內容，反倒譏諷他的字醜。有一次陳獨秀找上了他，開門見山批道：「詩很好，字則其俗在骨！」沈伊默青天霹靂，彷彿受到萬點打擊，從此閉門不出，整天練習書法，最後練就了一手無敵好書法。不過親友賞閱詩詞時，還是不把注意力放在內容，但這回不再是譏諷，而是讚嘆他的字太漂亮了！
進入北大後，他任職書法研究會會長，致力於把書法從晚清文人的館閣體中解放出來，讓每個人都能自由揮灑，實現字體特色，從而影響了整個書法界。

姓名：梁漱溟
個性：多愁善感，曾有兩度自殺的前例。
貢獻：將佛學寫成專業論文的第一人。

地位：佛學大師。

梁漱溟是一位多愁善感的佛學大師，曾經熱血投身革命，參加武裝起義推翻滿清，然而民國成立後，軍閥割據、政治腐敗，梁漱溟一時感到枉然絕望，遂有了出家念頭，一頭栽進研習佛學，試圖找到解決人生之苦的方法，但始終沒有找到，結果愈陷愈深。一九一七年，他在閒暇寫了論文《究元決疑論》，成為走出陰霾的標誌。這篇文章很快被蔡元培看到，北大當時正少一位佛學講課老師，年僅二十四歲的梁漱溟便被邀請進入北大哲學系教書。

姓名：張競生

個性：外表含蓄，內心開放。

貢獻：性學博士，曾出版《性史》，稱「性是學問，是一門藝術，性生活是人生美好的精神享受」，由此被視為「中國三大文妖之首」，人人避而遠之。

地位：名聲掃地，落魄無比。

若要排行民國銷量最大的書，張競生的《性史》肯定能進前十。此書雖然在性的動作上描寫不多，但首次出現了偷情、偷窺、嫖妓等情節。張競生先進的思想在那個保守思想尚未退盡的年代無法獲得理解，迎來一片謾罵，各個學校紛紛貼出禁令，禁止張競生的所有書刊進入校園。

張競生因為性的研究受到蔡元培的賞識，但也因為這本書受到北大師生的責怪，校董會要求張競生離開校園，並懲罰蔡元培抄錄二十遍舊學堂之校規。沒想到蔡元培理都不理，直接拂袖而去：「我來這裡辦教育，如果還是你的這一套，我來幹什麼，不如待在翰林院好了。」

正因蔡元培不拘一格延攬人才，北大師生力量才得以大幅提升。北大從腐朽脫胎換骨，組織了史上最輝煌的師生陣容，「保守派、維新派和激進派，並坐討論；眷戀帝制的老先生與思想激進的新人物，同席笑談。」春秋戰國百家爭鳴之大局面、大自由，跨越二千多年後，方始出現在北大校園。

蔡元培的思想自由不僅運用在教育上，個人學術上亦然。他曾經提出《紅樓夢》暗中涉及明清政治，是一部「政治小說」，為此還寫了一本《石頭記索隱》，但胡適覺得蔡元培完全是牽強附會，於是準備尋找史料推翻他的觀點，不料有一本《四松堂集》四處尋找而不得，讓胡適很想半途而廢。蔡元培知道胡適的情況後，竟把書籍匿名贈予胡適，此等胸懷，此等胸襟，堪稱北大兼容並包之代表。

最自由的校園

蔡元培為了讓教育的功效最大化，還讓北大進行「課堂公開」，以前北大就有招旁聽生了，但這些人都要支付二元的旁聽費，蔡元培大膽下令「不管有沒有學籍，都可以來聽課」。不僅免了旁聽學費，更加大旁聽生的權利。有時旁聽生來早搶了座位，遲來的正式生反而只能站在後面。在各派思想學說的激盪下，北大青年學子們的眼界和頭腦都被打開了。當時在北大就讀的中國歷史學家顧頡剛回憶：

「一些學生正埋頭閱讀《文選》中李善那些字體極小的評註，而窗外另一些學生卻大聲地朗讀拜倫 (Lord Byron) 的詩歌；在房間某個角落，學生因古典桐城學派的優美散文而不住點頭，而另一個角落，學生則正在討論娜拉離家[1]後會怎樣生活……」

這種不同生活方式和思想風格，於同一個地方交錯重疊的現象，在北大歷史上、甚至在中國歷史上都是空前絕後。教育開啟了他們的獨立意識，每一位學生都有不同意見，正是堅持與發揚「兼容並包、思想自由」，北大人才方得以大師輩出，北大學術方得以碩果纍纍。

蔡元培在學生太超過的時候，也會予以懸崖勒馬。一九二二年十月十七日，北大爆發「講義費風潮」，講義以前是免費的，但近來北大大刀闊斧的改革讓經費支出過大，於是總務長沈士遠將其改為收費制。由於事情來得太突然，惹得很多學生無法接受，他們不由分說群聚一起，要求廢止講義收費，甚至起鬨要把沈士遠抓起來批鬥，蔡元培聞聲挺身而出，厲聲問道：「你們鬧什麼？」

為首的學生說：「沈士遠主張徵收講義費，故來找他理論。」

蔡元培說：「收講義費是校務會議決定的，我是校長，有理由儘管對我說，與沈先生無關。」

學生還是不肯散去，將校長室團團包圍，但蔡元培一點都沒有退縮，他之前是光復會的革命領袖，什麼大風大浪沒見過，對打架鬥毆尤其很有一套，他將兩個拳頭高高舉起，大喊：「有膽的請站出來與我決鬥，如果你們哪一個敢碰一碰教員，我就揍他！」學生被蔡元培突如其來的舉止嚇到了，校長向來在學生面前溫和爾雅，沒想到骨子裡依舊流著革命的熱血。世上最高級的教育，不是教給學生多麼高深的知識，而是有勇氣告訴大家，不對的事情就不該做。

北京大學在清朝成立，卻在蔡元培手下真正誕生，在他的努力下，北大終於從清朝遺留下來的老書院，搖身成為中國第一學府，迎來歷史上的黃金盛世，迎來大時代的登峰造極。校內遵循蔡元培兼容並蓄的態度，克盡學術自由的使命，一代又一代學生受到校風陶冶，其中不少人後來成為著名學者。

「大學不是販賣畢業證和灌輸固定知識的場所，而是一個研究學理的地方。」蔡元培一生都用實際行動踐行他的格言，他逝世前毫無分文，但被他成功復興的北大卻永載史冊，垂範後世。今天，我們再忙也不能忘記，有一位留著山羊鬍、戴著金絲邊眼鏡的男人，曾用一生奏響一曲復興大夢。

1 挪威作家亨里克．易卜生（Henrik Ibsen）著作《玩偶之家》（*Et dukkehjem*）中的人物情節。

為什麼有「神經病」是件好事？

——章太炎瘋狂的一生

人物小檔案

章太炎（一八六九年一月十二日～一九三六年六月十四日）

清末民初思想家、史學家、革命家、樸學大師、中華民國國語設計者，因其政治見解武斷激進，為世人稱「章瘋子」。

我們都知道武人打架是靠拳腳分出高低，拳頭大是硬道理。那麼文人打架呢？民國時期文人派系眾多，總不乏有一些互懟互罵，可說是非常精彩，在此僅舉三例。

一、**魯迅懟胡適**

「醜態本沒有什麼丟人，但是醜態蒙著公正的皮，這才讓人嘔吐！」

二、劉文典懟沈從文

「陳寅恪該拿四百塊錢，我該拿四十塊錢，朱自清該拿四塊錢，可我不會給沈從文四毛錢。」

三、李敖懟媒體

「我罵人的方法就是別人都罵人是王八蛋，可我有一個本事，我能證明你是王八蛋。」

以上三者罵人不帶髒字，卻比髒字更加痛快淋漓，稱得上是很高級的罵人技巧。然而如果要論整個民國誰最會罵人，以上三位著名的罵人大師可能就要靠邊站，讓給真正的「泰山北斗」章太炎了。

章太炎瘋狂的前半生

章太炎有個著名的外號叫做「章瘋子」，還是他替自己取的。他的言論往往不顧情面，驚世駭俗，這種狂疾個性在少年時已有所展現。

十六歲那年，章太炎遵從父命參加「童子試」，當時試題為「論燦爛之大清國」。原本主考官定這個題目是為了讓考生拍拍政府馬屁，取得權貴們的歡心，沒想到章太炎的試卷上不但未見好話，反而大聲疾呼「吾國民眾當務之急乃光復中華也」。在當時可是非常「政治不正確」的話，幸好試官沒與他深究，只將他逐出考場了事。

沒辦法考科舉，總要找份工作吧？當時湖廣總督張之洞在湖北武漢辦了一家《楚學報》，進去就算是半個公務員，薪水很高。擅長書寫的章太炎覺得這是天大的好消息，很快就進去裡面寫文章，然而他領著大清的薪水，內心卻已經不爽大清很久了，居然趁人不備在報紙偷偷印上自己的專欄，主張以革命的方式推翻清政權。主管讀完後氣到理智線斷掉，口中連呼「反叛反叛，殺頭殺頭」達數十次。

按照大清律，原本章太炎是死罪難逃了，但由於事情一報上去，受牽連的人會很多，搞不好還會讓《楚學報》關門大吉，所以報社只將他逐出門外，並命令四位轎夫蓋他布袋，拿棍棒揍了一頓而已。

在日本的生活

離開《楚學報》報社後，章太炎的壞名聲已經傳遍家鄉，沒辦法找到工作了。他對此絲毫沒有傷心感懷，只是將祖上所剩不多的錢財集結起來，頭也不回地東渡日本留學。

東渡日本是章太炎一生做過最正確的選擇，他原本不過是一名頗富臭名的報章寫手罷了，但到日本後名氣立刻暴增，好多人把他當作大師仰慕。章太炎在東京辦了個國學講習會，收一票高階知識分子做學生，其中就有黃侃、錢玄同、魯迅、朱希祖等文豪，甚至連《羅生門》的作者芥川龍之介（被納入高中教材的日本作家）也敬稱章太炎為老師。

當時日本歧視華人的問題相當嚴重，學徒們曾對章太炎抱怨過，令他極為憤慨。一次警察調查戶口時，章太炎嘿嘿一笑，一面眉飛色舞，一面填書曰：

姓名：章太炎

職業：聖人

出身：私生子

年齡：萬壽無疆

當時日本風氣很開放，有「夜這[1]」風俗，也就是半夜到其他人家裡睡覺，因此以私生子眾多而臭名昭彰，章太炎可以說戳到了日本人的痛處。不過日本警察不懂他的黑色幽默，以為他是神經病，然而章太炎確實常常自稱神經病，加入中國同盟會時，他曾即興發表演講，有段話說：

「大凡非常的議論，不是神經病的人斷不能想，就能想亦不能說，遇著艱難困苦的時候，不是精神病的人斷不能百折不回，所以古來有大學問成大事業的，必得有神經病才能做到。為這緣故，兄弟承認自己有精神病，也願諸位同志人人個個都有一兩分精神病。」

成立光復會

要說「章瘋子」的逗趣故事，數十萬字都說不完，然而我們還沒有提到他的人生巔峰，那就是擔任光復會會長。

光復會不是由章太炎創辦，而是他的好朋友們。該會的政治綱領即入會誓詞為「光復漢族，還我山河，以身許國，功成身退」，以暗殺和武裝暴動推翻滿清政權。

大家且看「以身許國，功成身退」這兩句話，光復會是清末最多知識分子的革命組織，與從前興中會、華興會的口號截然不同，裡面有著浪漫的俠客意氣，完全釣中了章太炎的胃口。

但是，為什麼他貴為革命元老卻沒參加組織的建立呢？因為他在一九〇三年被捕入獄了。

蘇報案

激進暴躁的章太炎染上了一件大事——蘇報案——這是滿清末年最大、也可以說是最後一場文字獄，說白了就是章太炎管不住自己的嘴，慈禧六十大壽時竟然寫了一副極為羞辱的對聯：

今日到南苑，明日到北海，何時再到古長安？嘆黎民膏血全枯，只為一人歌慶有；五十割琉球，六十割臺灣，而今又割東三省，痛赤縣邦圻益蹙，全逢萬歲祝疆無。

原先滿清政府對海外革命組織的刊物是睜一隻眼、閉一隻眼，因為他們雖然罵政府，但至少是有理有據地罵，內心還是有一把尺，而章太炎的那副對聯就是徹頭徹尾的人格羞辱，放在今天已經是人身攻擊，可以上法庭了。清廷中央看到這篇文章後終於不再沉默，以各種手段和外國政權交涉，試圖捉捕「汙衊朝廷的相關叛黨」。

當國外租界的巡捕準備行動時，革命黨成員已經截獲訊息，很多人早已聞風跑路，剩下幾個都勸章太炎跟著避避風頭，他笑一笑說：「革命必流血，吾之被清政府查拿，今為第七次矣。」

一九〇三年六月三十日，租界巡捕衝進《蘇報》編輯部時，房間只剩下章太炎一人了，大夥們將他團團圍了一圈，章太炎卻不怕，神態自若地坐在椅子上，徐徐地將茶杯一飲而盡後，指著自己鼻子說：「我就是章炳麟[2]！」隨後從容被捕。歷史課本上有一位撰寫《革命軍》的鄒容，原本也打算逃跑，但聽到章太炎不願逃跑，一時被他的舉動所感動，竟到衙門自首了。

章太炎與鄒容被押到監獄前，街訪民眾為了一睹「真正的革命黨人」，將街道圍得水洩不通。章太炎環顧四周仰天大笑，放聲高吟道：

「風吹枷鎖滿城香，都市爭看員外郎！」

惡整袁世凱一百招

三年後，在外界人士的聲援下，章太炎幸運地獲釋，但鄒容卻永遠安息在監獄裡面了。要說章太炎在這趟監獄生涯有什麼長進，就是個性變得更偏激了，一被放出就飛奔日本，成為《民報》主編，狂罵滿清並堅持推翻帝制，用字遣詞比過往更加激烈，讓清廷弄巧成拙，悔不當初。

章太炎就這麼寫文章，一直寫到清帝退位，袁世凱上任正式大總統為止。

袁世凱對章太炎的印象不錯，想邀請他入京做官。但章太炎對袁世凱的印象就不那麼好了，覺得袁世凱的心機很重，不能真誠相待。有天袁世凱宴請黃興時，下帖子請章太炎作陪，沒想到他絲毫不給大總統面子，在請帖上寫了四個大字「恕不奉陪」。袁世凱非但不生氣，還把章太炎的書信精心裝裱起來掛在牆上，見人就說：「我終於得到章大師的親筆了。」

後來，袁世凱的本性逐漸露餡，運用軍事實力獨攬大權。章太炎從一開始的愛理不理，到後來變成暴跳如雷。袁世凱鎮壓二次革命時，章太炎氣得只帶了一根拐杖就急著跑去北京叫陣。由於盤纏帶得不夠，老章到北京已是破衣爛鞋、蓬頭豎目，衛兵看到以為是要飯的，拚命阻擋他，直到章太炎從口袋裡掏出總統親自頒發的二等大勳章，才客氣地把他請進接待室。

袁世凱曾主動邀請章太炎過來，但章太炎真的來時，他反倒後悔了。袁世凱知道章瘋子來者不善，躲在總統府不出來。章太炎苦等了一個下午，到了傍晚已經忍不住，他對著大門就是一頓臭罵，罵累了還無法消氣，把接待室的文物全部一拐杖敲碎，隨後章太炎就被袁世凱的警衛抓走了。

袁世凱將章太炎幽禁於北京龍泉寺，雖然不讓他亂說話，但對他的待遇不算差，三餐無虞，還有僕人在旁伺候。但章太炎仍因憤怒而絕食以示抗議，那年冬天特別酷寒，北京很早就下起大雪，絕食兩天後的章太炎又餓又冷，躺在床上奄奄一息，他的徒弟聞訊後紛紛跑去勸他進食，但不管大家怎麼勸說，章太炎都搖頭不理會。

就在無計可施時，有一位徒弟突然靈光一閃問道：「您比禰衡（東漢末年的狂狷之士）如何？」

章太炎雙眼一瞪，哼聲道：「禰正平（禰衡）怎麼比得上我？」

徒弟又告訴他：「劉表欲殺禰衡，但不想自己背罪名，所以將彌衡送到黃祖那裡，讓他下手當惡人；如今袁世凱比劉表更厲害，因為他不需利用黃祖那樣的人，就可讓先生把自己殺了。」

章太炎一聽，趕緊從床上翻身坐起，大口吃起了徒弟們準備的食物。吃飽喝足，有精神力氣大吵大鬧了，章太炎更是耍起了名士風流，他知道自己被軟禁的地方是龍泉寺，是遼代建立的名勝古蹟，既然自己沒法好過，那古蹟也沒有辦法留著。他在牆壁上刻滿「袁世凱」三字，無聊時就用力猛踹，又在屋內生起火來，再將紙張寫上「袁賊」投入火堆。一邊燒一邊拍手大喊：「袁賊燒死矣！」非要把龍泉寺弄得烏煙瘴氣才滿意。

亂世下的獨舞者

袁世凱死後，國內軍閥鬥得不亦樂乎，章太炎感到前所未有的失望和惆悵，這個時候才發現，原來國內的政治局勢，不是他三言兩語就可以改變的，正如同被他破壞的龍泉寺，不是重新粉刷牆面就可以解決的。

章太炎終於失去了對政治的熱情，白天上街提著燈籠，嘲諷政府暗無天日；披上長輩過世專用的粗麻布衣，祝賀新軍閥上位；他還曾向蔣介石建議既然東北管不住，不如交給共產黨算了。

晚年的章太炎歸心學術，常在各地學校往返授課，那時候的學校還沒有禁菸措施，甚至在某方面還把吸菸當作獎勵，提倡只要教授夠厲害，就可以得到在教室抽菸的權利。章太炎在課堂上講到興奮處就會從口袋裡取出小鐵夾，拿火柴「啪」地一聲點燃紙菸，享受著自己的特殊待遇。由於他太常在教書時抽菸了，轉身寫黑板時，往往沒注意自己手拿的到底是紙菸還是粉筆，便拿手中的紙菸在黑板上猛劃，再轉過身來把粉筆往嘴裡塞。

隨著章太炎愈來愈衰老，愈來愈不容易記清事情，他的晚年時期是十分可愛的。由於他記不得自家地址，有時出門幾十公尺買包菸，轉身就找不到家，逢人便問：「你知道我家在哪嗎？」路人無不莫名其妙。

章太炎不僅不認路，也不認人。據說在上海講學時，他整日蓬頭垢面，頭髮三、四個月沒剪也不在乎，有位朋友實在看不過去，就定期強拉他去理髮。章太炎理完髮不付錢就走了，朋友只好替他付帳。後來在天津又與這個朋友相遇，章太炎竟然認不出他來，回頭詢問一旁的人「此友何姓」，逗得大家都笑了：「他幫你付了幾十次理髮的錢，你居然連他姓什名誰都不記得。」

章太炎聰明絕頂，若說他不認得路是記憶力的毛病顯然不對，晚年的他在國學文化上還是相當清晰，經史子集過目不忘，只是記不住路，識不得人，有人說他只是把想忘記的都忘了，但國學是他的愛，忘不了。

章太炎之死

章太炎書讀得很多，曾有人問他：「先生的學問是經學第一，還是史學第一？」他答道：「實不相瞞，我是醫學第一。」章太炎在中醫理論方面的研究很豐富，有《霍亂論》、《章太炎醫論》等著作，對那時候醫學的進展影響很大。可惜，章太炎治得了霍亂，卻治不了癌症。

一九三六年，章太炎被診斷出鼻咽癌，身體漸漸不行了，他最不放心的就是四個寶貝女兒。章太炎為了讓她們顯得有文化氣質，特別取了四個非常難念的名字，分別是章㸚（ㄌㄧˇ）、章叕（ㄓㄨㄛˊ）、章㠭（ㄓㄢˇ）、章㗊（ㄐㄧˊ），人們只認識前面的「章」字，以至於後來有很多喜歡她們的年輕人不敢上門提親，女兒雖然個個才識不凡，卻只能獨守空閨，這是章太炎在生命將盡前最大的遺憾。

一九三六年六月十四日，六十七歲的章太炎因鼻咽癌逝世在家中，他在彌留之際還不忘狂狷，斷斷續續地說：

「吾死以後，中夏文化亦亡矣！」

章太炎一生富有狂狷之氣，做為革命元勳，他始終否認青天白日滿地紅國旗的正統地位，逝世後以象徵北洋政府的五色旗覆身，做為他人生中最後的狂舉。

鮮少人知道，在強悍不講理的外表下，章太炎內心藏著的是一位感性的文人。被袁世凱幽禁期間，章太炎有一句詩道：「籠中何所有？四顧吐長舌。」回頭來看，章太炎這幾次的「瘋癲」行為，似乎也多了幾分道理，我雖然禁錮在籠中，但思想卻已經穿過牢牆，看似瘋癲不堪的舉動，本質上卻是愛國憂民的名士風骨。

章太炎不是真的瘋子，只是看盡了世間百態，卻無力改變大局，只能將滿腔憤慨集成一股怨氣嘶吼出來，唐伯虎那句「別人笑我太瘋癲，我笑他人看不穿」，正是章太炎一生的最佳寫照。

1 指半夜以性交為目的到他人睡覺之處的日本習俗，大多是男性去找女性。

2 章太炎後來改名為章炳麟。

我真的不是在減肥啦！

——李叔同的斷食修行日記

人物小檔案

李叔同（一八八〇年十月二十三日～一九四二年十月十三日）

民國時期著名佛門高僧，法號弘一。現代中國著名藝術家、藝術教育家，知名歌曲《送別》填詞者。

減肥一直是人們常見的課題，早在遙遠的中國古代就已經有許多先例。楚靈王喜歡腰細的女人，特地蓋了座「細腰宮」鼓勵宮女節食；南北朝的石崇也愛婀婀娉娉，為了逐一辨別宮女體重，他將香粉撒在地上，輕盈的女子走過後，雙腳不會沾黏粉屑；蘇軾討厭肥碩的女性，一位胖舞妓對著他跳舞，他卻用一句「舞袖翩躚，影搖千尺龍蛇動」，惹得舞妓滿臉羞紅。到了民國年間，出現了一個世紀性的重大轉折，減肥再也不是為了取悅異性，也不是為了去除多餘的脂肪，而是為了佛家道統。

佛道和減肥本是不相干的事情，之所以牽扯在一塊，是因為當時的佛家學者考據佛經時，發現佛家有斷食之說，《薩婆多毗尼毗婆沙》卷一記載：「目連問耆婆曰：『弟子有病，當云何治？』耆婆答曰：『唯以斷食為本』。」正是這個最新發現，讓佛道僧人們掀起一股減肥熱潮，大家都想比比看誰可以不吃飯最久，有人說斷食後精神變好，也有人說斷食後大病痊癒了，斷食成為一種結合宗教與流行的摩登療法，人人都想嘗試一下。

做為民國時期最著名的佛道僧人，弘一法師李叔同有沒有跟上流行一起斷食呢？

答案是肯定的。

富家子弟出家了

一九一八年春，西子湖上霧氣氤氳。水天一色的灰濛晨霧裡，一南一北划來兩艘木舟；一男一女各立船頭，李叔同當時已經剃髮，穿著素樸僧衣，而日本妻子則身穿和服，一臉悲傷。兩艘船緩緩靠近，妻子凝視著他許久，開口道：「明天，我就要回國了。」

「好。」李叔同冷冷地答。

妻子面孔悲傷地扭曲起來，她哭喊著李叔同的名字，不過只換來一句：「請叫我弘一。」

妻子沉默了良久，誠心地問：「弘一法師，請告訴我什麼是愛？」

「愛，就是慈悲。」

說罷，在茫茫白霧間乘舟而去，妻子在身後痛哭失聲，他卻頭也不回。李叔同無預警出家的消息一出，整個文化界為之動盪，各種猜疑不絕於耳，流言四起。民國時期的出家人很多，但有李叔同經歷的人卻很少，要知道，不管是古代還是現代，出家人有很大比例是清寒子弟出身，他們沒有體驗過人生浮華，對社會也沒有太多眷戀，因而能決斷地脫離世俗。但李叔同就不一樣了，他出身於富家大族，在紅塵中載浮載沉，過著富貴繁華的生活，人稱「三無過先生」：什麼市面沒見過，什麼錢沒花過，什麼女人沒碰過。除此之外，他在各行各業的建樹也很多：

文學：著名民歌《送別》的填詞者，電影《讓子彈飛》的片頭就是這首歌。
音樂：第一位用五線譜作曲的中國人，西樂東漸的先驅者。
繪畫：第一位描繪裸體模特兒的中國人，加速東方藝術的開放化。
教育：浙江第一師範學校的音樂導師，豐子愷、潘天壽、劉質平等人都是他的學生。
書法：將書法、佛理融為一體，形成獨樹一幟的風格，真跡價格至今仍是高居不下。

這位既會玩樂又有腦袋的一流才子，竟然出家為僧了！人們紛紛揣測他為何做此決定，但無論如何，有那麼好的背景，那麼高的成就，卻選擇遁入空門，成為學術界隱隱作痛的遺憾。

但我們不知道的是，李叔同的出家或許與斷食有關。

改變一生的斷食

李叔同尚未剃髮出家前的一個秋天，他和朋友夏丏尊閒聊時，突然聽聞斷食一事，據說可以治療疾病，洗滌身心。夏丏尊提起此事只是為了找個話題，本沒放在心上，李叔同卻聽得一愣一愣，人在物質生活富足時，大多會嚮往精神上的追求，他原本就對佛道稍有了解，斷食一舉乃是從言轉行，是深入體驗的好契機。

所謂斷食，即是一種修行，將自己關在樸素的房內足不出戶，隔絕對外界的所有聯絡。這段期間，逐漸減少飯食直到不食人間煙火，在最空冥的狀態中悟道，之後再慢慢恢復正常飲食。他把此事放在心裡，在學校放假之際來到虎跑寺，借了方丈樓下的一間房子，開始了斷食療法。

如果李叔同只是單純斷食，可能就沒有什麼好說的了，但可看的點在於，他把斷食期間的種種感受都寫了下來，成為後來研究斷食的重要依據。李叔同在《斷食日誌》的第一天，簡單地說明了斷食的簡介：

丙辰十一月二十九日：斷食換心，是一種科學的，也是哲學的試驗。

弘一大師告訴聞玉[1]，斷食中，不會任何親友，不拆任何函件，不問任何事務。家中有事，由聞玉答覆，處理完畢，待斷食期滿，告訴他。斷食中盡量謝絕一切談話。整天定課是練字、作印、靜坐，三個段落。食量：早餐一碗粥，中餐一碗半飯，一碗菜；晚餐，一碗飯及小菜，這是平日三分之二的食量。晚間，準備筆、墨、紙，明天開始習字。聞玉是一位虔誠的護法。

李叔同的字裡行間吐露著一股自信，他好像對斷食躍躍欲試，急著想出現成果，但到了第三、四天時，饑餓已讓他「腹中熊熊然」。

丙辰十二月一日：六時起身，靜坐。習字功課如昨。早餐，粥半碗，較昨日為稀。中餐，飯菜各一碗。午後小眠，習字如昨。傍晚，腹中如火焚。晚餐，飯半碗。逐日減少活動，以靜、定、安、慮作生活中心。

連續四天齋戒，讓李叔同受了一番苦；但到了第五天早晨，奇怪的事情出現了，李叔同不再感到饑餓：

丙辰十二月三日：晨起，精神漸漸輕快。早餐，稀粥半碗。中餐，稀粥一碗，菜少許，晚餐謝絕。但飲虎跑冷泉一杯。（虎跑泉，著名於杭州。）我如一老僧坐禪，聞玉赫然韋陀！精神翕然，腹內乾燥減少。靜坐。習字如昔。晚六時入睡，無夢。

接下來的六天，李叔同度過了很暢快的日子，「精神穩定，腹中舒泰」，他把食量降到最少，早上和晚上都不吃飯，中午只吃稀粥半碗，靜坐完就喝著寺廟提供的泉水，我們常人雖覺得尋常普通，但在李叔同的面前卻成了瓊漿玉液，清涼可口。

靜坐，習字，飲甘泉水。無夢，無掛，無慮，心清，意淨，體輕。飲食，生理上之習慣而已！靜坐時，耳根靈明，大地間無不是眾生嗷嗷不息之聲。

經歷了十二天的鍛鍊，李叔同的斷食療法已到達最顛峰的時刻。在十日至十二日的時間，李叔同已經完成斷食，一天可以完全不吃東西，只以泉水過日，他只寫了短短幾字，卻是真誠而興奮的：

丙辰十二月十日、丙辰十二月十一日：精神界一片靈明，思潮澎湃不已。法喜無垠。

丙辰十二月十二日：作印一方：「不食人間煙火」空空洞洞，既悲而欣。

到了第十五天，李叔同已經體悟完「不食人間煙火」的感受，他依照佛道前輩們給的建議，恢復稀粥半小碗，飲食逐次增進，在靜坐中慢慢調整體質；到了十二月十五日，李叔同的體力已經略有恢復，回顧前幾天的感受，深刻體悟到佛門之學問，他把自己的名字改為李嬰，取自老子的「能嬰兒乎」。

剩下的幾天時間，李叔同的作息正常：

丙辰十二月十六日：中餐改用飯菜。習字，靜坐，作室內散步。

到了丙辰十二月十九日，李叔同已經恢復完成，他整理了在此期間所作的書法，告別了朝夕相處二十一天的杭州虎跑寺。

脫離世俗

就李叔同所說：「這一次我到虎跑寺去斷食，可以說是我出家的近因了。」回家之後，李叔同已經變了個人，原本大魚大肉的他，開始真心誠意地吃素。他的房間裡擺滿了佛像，書桌前也堆滿了經書，門口前都是燒香的灰漬。農曆春節放假時，李叔同沒有回家，而是跑到令他悟道的虎跑寺，當時正有一群人在舉行剃髮儀式準備入僧，李叔同目睹這種情形，內心大受感動，進一步促動他萌生出家的念頭。

直到一九一八年六月三十日，處理完一些瑣事後，李叔同把學生們叫來，告訴他們說：「我要入山出家。」他把書法和油畫作品送給學生，將家中的財產轉交給妻子，自己只拿了最簡陋的生活用品，頭也不回地走了。

學校校工聞玉聽說他要出家，心裡有些不忍，於是到虎跑寺勸他。進廟門後，李叔同身著袈裟，客氣地稱呼聞玉為居士。聞玉本是校工，理應伺候教師，如今李叔同出家，身分一變，反過來伺候起聞玉，幫聞玉汲水泡茶、擦桌子。聞玉心中酸楚，幾次要勸他回去，但李叔同不動聲色：

「不敢當。我不讓你來，你偏要來，現在你送我來出家，我很感激你。這是我們的家，你在這裡住一天，也是我們廟裡的居士，我應當好好照應你。」

聞玉勸諫不成，只好含淚獨自下山。後來，日本妻子聽聞出家的消息，也跟著趕來，就有了開頭那戲劇性的一幕。

從李叔同早期的經歷中，我們就可以看出他的法慧，斷食也許只是契機，而他對佛法的嚮往，則是實實在在的原動力。李叔同的母親臨終前，他為了買副最貴的棺材而在城裡尋覓，但母親就在他外出時孤獨地離開了人世，「人生猶似西山日，富貴中如草上霜」，人生就像西山上的夕陽，終究會落下；富貴就像草地上的白霜，終究會化去。人生苦短，一眨眼的時間就過了，李家有錢，也無法換來母親的最後一面。

李叔同看過種種紅塵浮象，看破了一次次的人世無奈後，最終選擇揮揮衣袖，不帶走一片雲彩，從此塵世中少了一位過客，而多了一位高僧。

1　一位和李叔同很要好的校工。

誰敢動我的鼠寶貝

——虐貓達人魯迅與他的小隱鼠

人物小檔案

魯迅（一八八一年九月二十五日～一九三六年十月十九日）

本名周樹人，中國近代著名作家，新文化運動領袖之一，中國現代文學的奠基者與開山匠人，亦是在西方世界享有盛譽的中國近代文學家、思想家。

最近幾年社會興起養寵物的風氣，稍微有些多餘時間和精力的人們，都想盡早找隻毛孩陪伴，我周邊的朋友也開始養貓，而且非常痴迷，所謂「惻隱之心，人皆有之」，這是生而為人最基本的共同本性。早在民國時期，文人圈就已經流行養貓了，史料有記載的包括季羨林、林徽因、黃永玉等。

做為寵物，貓咪有一種天然的親切感，上班族受了大半天的折磨後，回到家都渴望著一份溫暖，慰藉在職場上的疲憊。貓咪以可愛的外表、機智聰明的頭腦，滿足了這項需求，使無數少男少女甘願像奴才般服侍著主子，淪陷成「貓奴」。

不過，有人喜歡，自然就會有人討厭。像魯迅先生就很討厭貓，一般人眼裡極為溫順可愛的貓，在他的字裡行間不但充斥著怨念，而且這種恨意深入骨髓，許多雜文充滿了濃厚的仇視色彩，比如：「可惡的是一匹大貓」、「一副討好人的媚相」、「交配手續鬧得別人心煩」，在魯迅的眼中，貓咪的習性與一舉一動，好像都是特別見不得人的事情，他就是看貓不順眼，找到機會就把貓臭罵一頓。

早年時期的魯迅對貓咪是不至於到恨的，翻開史料細細品讀，我們會驚訝地發現，魯迅討厭貓的淵源竟然這麼深遠且令人瞠目結舌。

鄉下的童年

我們都知道，魯迅寫的書浩如煙海，但多半冷酷無情，下筆犀利不講情面，後世流傳著他的千百張相片，卻幾乎找不到笑容，他是全世界最嚴肅的人。

在眾多充斥著戰鬥和批判的文章面前，我們難以想像，魯迅小時候並不是這種人，他也有好奇、可愛的一面，甚至有熱愛自然的那份童真與童趣。

魯迅年幼時常和母親住在紹興鄉下安橋頭的外婆家，他喜歡到鄉下去，把那裡看成是自由的天地、嶄新的世界。因為在那裡不僅可以免讀深奧難懂的四書五經，還可以自由自在地隨處探險，到附近的河邊划船、捉魚、釣蝦……對一位頑皮少年來講，無疑是具有吸引力的。

魯迅最喜歡跑去外婆家後面的大院子，相傳叫做「百草園」，是一個疏於管理、近似荒野的大地方。

魯迅趁大人不注意，鑽進了百草園。在這片自由的天地裡，整日與花鳥草蟲為伴，以此來打發冗長的時光，他見到蟬兒就抓、看到飛鳥就追，餓了就在路邊啃饅頭，累了就在大樹下乘涼，樸質純真，不見愁容……一切感受都是那麼的天真爛漫。

大家可以想一想，十歲左右的年紀，放在今天只是一名小學生，正是天真浪漫的年齡層，對大自然的各類動物都充滿好奇。「不必說碧綠的菜畦，光滑的石井欄，高大的皂莢樹，紫紅的桑椹；也不必說鳴蟬在樹葉裡長吟，肥胖的黃蜂伏在菜花上[1]」，翁鬱天然的環境，造就了物種的多樣性，這裡無疑是個兒童的樂園，無一不充滿生機。

魯迅有一次在那裡捕捉到了一隻小老鼠，並將牠帶回家飼養。

回憶這段時光，魯迅將這隻小老鼠稱為「隱鼠」，看到這些史料時一直在想，隱鼠到底是什麼動物？照《異物誌》、《晉書》等古代史書所說，這是一種巨大如牛的大老鼠，會招來水災等厄運，但這種帶有神話色彩的說法顯然與魯迅所描述的不同。民國的地方詞彙與其他朝代的話語有很大差距，就當時普遍的意思：隱鼠，即鼷鼠，鼠類中最小的一種。

具體有多小，似乎也無法形容。經查閱相關資料發現，鼷鼠屬於嚙齒類動物，豪豬亞目的濱鼠科，是鼠類中最小的一種，體形只有一個拇指的大小，能在比較鬆軟的土地中穿行，習性有點類似穿山甲。魯迅說：「這類小鼠大抵在地上走動，只有拇指那麼大，也不很畏懼人，我們那裡叫牠『隱鼠』。」

與寵物隱鼠的生活

在浙江紹興地區，這類動物可能比較常見。魯迅將小老鼠帶回家後，父母似乎也不大介意孩子養小動物，只要有沒有傳染病，喜歡就養吧！

從魯迅文章中對隱鼠生活習性的描寫來看，牠能與人和諧共處，溫馴可愛、絲毫不怕人，於是就這麼開始了他的第一次飼養生活。

魯迅長大後，每當談到他的寵物鼠總是眉飛色舞，好像什麼事情都被拋諸腦後一樣，由於魯迅多次提及，史料上不乏有許多關於小老鼠的記載橋段。

比如，魯迅愛屋及烏，關注了與老鼠有關的民間傳說，當時他的床前牆壁上貼著兩張花紙，一是「八戒招贅」，滿紙長嘴大耳，不甚雅觀；二是「老鼠成親」，畫中貓鼠一團和氣，送親的老鼠使勁吹喇叭抬轎，鳴金送禮，新娘頭頂鳳冠呆坐轎內，新郎騎著高馬神氣活現，他們穿的都是紅衫綠褲。「我想，能舉辦這樣大儀式的，一定只有我所喜歡的那些隱鼠。」魯迅先生將之貼於床頭，日夜賞玩，愈看愈有趣。

我們喜歡家裡的寵物，就想一輩子保護牠，並期望牠能永生，可畢竟誰也沒辦法逃脫大自然的約束，我們所能做的只有盡量避免壞事發生。有一次，魯迅養的隱鼠遭到一條蛇的攻擊，差點因此喪命。魯迅在文章寫道：

有一回，我就聽得一間空屋裡有著這種「數錢」的聲音，推門進去，一條蛇伏在橫梁上，看地上，躺著一匹隱鼠，口角流血，但兩脅還是一起一落的。取來給躺在一個紙盒子裡，大半天，竟醒過來了，漸漸地能夠飲食，行走，到第二日，似乎就復了原，但是不逃走。

放在地上，也時時跑到人面前來，而且緣腿而上，一直爬到膝髁。給放在飯桌上，便撿吃些菜渣，舔舔碗沿；放在我的書桌上，則從容地遊行，看見硯臺便舔吃了研著的墨汁。這使我非常驚喜了。

我聽父親說過的，中國有一種墨猴，只有拇指一般大，全身的毛是漆黑而且發亮的。牠睡在筆筒裡，一聽到磨墨，便跳出來，等著，等到人寫完字，套上筆，就舔盡了硯上的餘墨，仍舊跳進筆筒裡去了。我就極願意有這樣的一個墨猴，可是得不到；問那裡有，那裡買的呢，誰也不知道。「慰情聊勝無」，這隱鼠總可以算是我的墨猴了罷，雖然牠舔吃墨汁，並不一定肯等到我寫完字。

其實，墨猴這種生物已經滅絕了，民國以後就未曾發現牠的蹤跡，魯迅的父親對他講述的故事，可能是民間記載或口頭傳說。魯迅終生以未能見到墨猴為憾，但隨處可見的隱鼠帶給他的快樂，似乎遠大於這種奇珍異獸。

為什麼這麼喜歡隱鼠？因為牠滿足了魯迅的想像，在孩童腦海中的動物世界，沒有心機、沒有語言，所有理解都靠小動物的試探、觀察，彼此接納，或者說某種意義上，牠就是魯迅最好的摯友。

小老鼠之死

某日早晨，魯迅一如往常地早起，在廚房隨意抓了一把麥子丟在地上，呼喊著隱鼠的名字，不過這次無論他喊了多少次，隱鼠始終沒有過來。魯迅慌張了，握著麥子在家裡四處尋找，仍不見蹤影。魯迅緊張地跑上跑下，最終累倒在地上，神情憂鬱地呆愣在旁，「長媽媽，一個一向帶領著我的女工（保母），也許是以為我等得太苦了罷，輕輕地來告訴我一句話。這即刻使我憤怒而且悲哀，決心和貓們為敵。她說隱鼠是昨天晚上被貓吃去了！」

在大人看來，這只是一件微不足道的小事，但我們要知道，魯迅還是小孩子。他沒辦法接受這個事實，自己最寵愛的小老鼠，竟然在毫無防備的情況下離開他了。魯迅為此低落了好久，茶不思，飯不想，整天沉醉在傷心憂鬱中，「隱鼠事件」帶來衝擊，對魯迅的人格發展多少起了些加速的效果。成年的魯迅不茍言笑、針鋒相對，或許和童年的心靈受創有密切相關。

至於老鼠的死對魯迅的影響遠不止於此，他開始討厭貓了，特別是流浪貓，將牠們視作殺死朋友的冤家仇人，「當我失掉了所愛的，心中有著空虛時，我要充填以報仇的惡念！」

魯迅開始出現欺負流浪貓的舉動：

我的報仇，就從家裡飼養著的一匹花貓起手，逐漸推廣，至於凡所遇見的諸貓。最先不過是追趕、襲擊，後來卻愈加巧妙了，能飛石擊中牠們的頭，或誘入空屋裡面，打得牠垂頭喪氣。

經過幾個月後，魯迅偶然得到一個消息：其實，隱鼠是被保母不小心殺死的，根本就和貓無關！案發當天，隱鼠爬到保母身上，在衣服裡亂鑽，保母是個很怕動物的人，她想把隱鼠抖掉，牠卻用力鉗住她的肉，慌張之下，就不小心用腳踩死了。

為了不讓魯迅不開心，保母隱瞞了踩死隱鼠的事，將責任推於不相干的貓。

發現真相時，魯迅為了避免「我冤枉了許多無辜的貓」這種念頭，立即找尋把自己行為合理化的說法，就是「就算不是被貓殺死，貓本身也不是什麼好東西，所以我的作法仍是合理的」。就今日心理學來講，這是一種認知失調（Cognitive dissonance），在同一時間有兩種相互矛盾的想法，因而產生一種心理不適的狀態，後續為了改善這種狀態，人們會試圖假裝沒有看見真相，堅持一方己見，認為自己的所做所為是正確的。

經歷掙扎後，魯迅決定將仇恨繼續延伸，那些生活在他周圍的貓，一隻都不饒恕！

鬼屋居住者

魯迅開始認真讀書後，整日以學業為重，虐貓頻率下降了許多。從日本留學回來後，接連在幾間學校擔任教職人員，日子忙得不可開交，之後為了答應教育部的工作，魯迅決心離開老家浙江，搬到北京，落腳在宣武門附近的紹興會館，一住就是七年。

魯迅住的地方很有意思，是民國史上著名的紹興會館，對紹興人來說是住在北京的絕佳選擇，環境乾淨，月租便宜，很多人都想來這裡住。我曾經去過一次北京，如今的紹興會館已經成了疏於管理的大雜院，牆壁上貼滿各種廣告，院子裡處處都是違規搭建，當年寬闊的大胡同，只剩下了一條擁擠的通道。

今天當然不能和當時相比，不但漂亮多了，而且規模也比較大。舊時紹興會館算是北京各地會館中占地最廣的一處，它不是一間大房子，而是由數個散落住宅組成的大莊園。廳堂和院落都有雅致的名字，如藤花別館、綠竹舫、慧賢閣等。

魯迅來北京時，紹興會館的大部分樓房皆已人滿為患，會館裡人聲喧雜，他根本讀不下書，只好住進沒人敢去的鬼屋。

這棟鬼屋叫做補樹書屋，是一個獨立的小院，院裡原有一棵很美的老樹，但後來遇颱風造成樹幹斷裂，影響院內景致，於是人們就在第二年補種一棵槐樹，這裡便被稱為補樹書屋了。

後來，有一位女子在這棵樹上吊死亡，許多人覺得有晦氣而不願入住，於是這棟房子就廢棄了。魯迅從不相信鬼，他覺得鬼宅清靜就搬了進來，且經常在這棵槐樹下獨坐乘涼，思考人生大道理。

這裡穿插一個題外話，一九四九年，這棵大槐樹遭遇雷擊劈毀，人們後來又補種了一棵棗樹，如今還挺立於院中，也已經長得鬱鬱蔥蔥。槐樹前後換了三次，所以正確來說，應該叫做「補補樹書屋」才對。

回歸正題，魯迅住進補樹書屋的第一個晚上，由於鬼屋長年疏於管理，加上房間陰暗，滋生蚊蟲，有三、四十隻臭蟲咬得他無法安眠，把腳都抓紅了，最後只好躺在書桌上避蟲。

也許是因為補樹書屋的陰氣太重，魯迅在這段期間活得愈來愈不開心了。面對新舊交替，社會劇烈動盪，魯迅僅在民國政府的教育部掛著閒職，終日生活於苦悶與徬徨之中。這是他一生中最難熬的蟄伏期：青燈黃卷，愁眉苦臉，屈居北京一處角落，生活得頹喪又可憐，沒有愛情，不修邊幅，鬱鬱寡歡，甚至想要死，孤獨的根子在他心底蔓延，無法自拔。

我們的歷史教科書中，總把名人描繪得高尚，而這些觸動人心的陰暗面，恰恰是他們喜歡刪去的內容。

與弟弟一起打貓

好在弟弟周作人從日本過來和他同住「鬼屋」，生活才不那麼百無聊賴，魯迅的負面想法也被開朗的弟弟化解了。後代人的印象中，這對兄弟的關係因為某些感情因素搞得很緊張，後來甚至到寫絕交書的地步。但實際上他們生命中大部分時間都是十分親密的，兄弟二人在這裡共同會客、共同寫作，由此創作了《狂人日記》——新文學史上的第一部現代白話文小說。於是便一發而不可收拾，接著又寫出《孔乙己》、《藥》、《一件小事》、《我之節烈觀》等著作。

魯迅和周作人的合作不僅於此，最精彩當屬共同打貓，當時老北京的流浪貓問題十分嚴重。每到陰曆三月，野貓發情之際，夜間常常聽見貓的嚎叫聲甚是淒厲，實在非常吵雜，而且往往是在深夜，忽然庭樹間嚎地一聲，「雖然不是什麼好夢，總之給牠驚醒了，不是愉快的事情。」魯迅曾在《狗・貓・鼠》回憶：

要說得可靠一點，或者倒不如說不過因為牠們配合時候的嚎叫，手續竟有這麼繁重，鬧得別人心煩，尤其是夜間要看書睡覺的時候。當這些時候，我便要用長竹竿去攻擊牠們。狗們在大道上配合時，常有閒漢拿了木棍痛打，我曾見老彼得・布勒哲爾 (Pieter Bruegel de Oude) 的一張銅版畫上也畫著這樣事，可見這樣的舉動，是古今中外一致的。打狗的事我不管，至於我的打貓，卻只因為牠們嚷嚷，此外並無惡意。

魯迅的「幫凶弟弟」周作人身為剛從日本留學回來的高材生，原先會在外頭勸阻哥哥別這麼不文明，但等到住進補樹書屋，親耳聽見淒厲的野貓發情聲後，兄弟倆的立場立即達成共識，採取野蠻手段：

那麼舊的屋裡該有老鼠，卻也並不是，倒是不知道哪裡的貓常在屋上騷擾，往往叫人整半夜睡不著覺，在一九一八年舊日記裡邊便有三、四處記著「夜為貓所擾，不能安睡」。不知道在魯迅日記上有無記載，事實上在那時候大抵是大怒而起，拿著一枝竹竿，搬了小茶几，到後簷下放好，他便上去用竹竿痛打，把牠們打散，但也不長治久安，往往過一會又回來了。

魯迅的第二個寵物……也被貓吃了

隱鼠死掉後就很少看到魯迅養寵物了，也幾乎沒有關於養寵物的記載，除了兔子，但這些兔子後來也被貓吃了……

魯迅在後院養了幾隻兔子，隨意將牠們安置在地洞裡，沒有太堅固的防害設備，反正又跑不出後院，乾脆不要浪費心思。隨便安置的結果就是——野貓每晚都趁機撿便宜。魯迅氣得要死，妻子拿毒餌出來說可以試試，但他覺得這種方法不能發洩心中的仇恨，要就讓牠死在自己前面，要眼睜睜看著牠斷氣。魯迅設下機關要活捉貓咪，找了個大盆子，用木棍支撐，在棍頭綁上鮮肉，假如野貓來吃肉，棍子便會翻倒將蓋子扣上，魯迅試了兩遍，懷著希望睡覺去了。

隔天察看時，盆子已經倒下，果然心血沒有白費。他非常興奮地把野貓抓出來，這時，魯迅復仇的怒火已經相當旺盛了，粗魯地把貓咪扔到一個木製的洗澡桶，蓋上蓋子，準備在下面燒火慢慢煮死。但是憤怒的魯迅想了想仍覺得不夠，非要親眼看著仇家死掉才痛快。他從廚房裡拿出一把菜刀，瞪圓虎眼，喘著怒氣就是一頓亂捅，但貓咪生性靈活，根本無法刺中，於是魯迅大聲喊道：「開水！開水！」傭人把熱得冒泡的開水提來，他打開桶蓋就將滾水灌了下去……接著一陣淒厲的慘叫聲，可憐的野貓終於嗚呼哀哉了。

家人都覺得魯迅動不動就仇貓的舉止，未免太沒有讀書人的樣子，但他卻獨自愜意地走開了。

魯迅曾公開發表幾點討厭貓的理由，其中一點是貓捕食時喜歡把獵物反覆折騰致死再吃，不肯給一個痛快。所謂「敵人對你最大的傷害，就是把你變成自己最討厭的樣子」，魯迅也步上貓咪的後塵了。

魯迅對貓的恨已經昇華到信仰的地步，即使受到外界批評，晚年的他依舊毫無懺悔之意。因為「現在的我已經記不清當時是什麼感想，但和貓的感情卻始終無法融和」。唉，寫到此處，我真是替那些貓感到不平和遺憾，但也是沒辦法的事，誰叫魯迅就是看你們不爽呢！好感度一旦損壞，往後再怎麼補救都沒辦法。厭惡就是厭惡，沒有什麼好妥協的，能做到最多的就是迴避，但想做到無傷大雅就難了。

魯迅晚年時沒有荒廢虐待野貓的技巧，甚至更加熟練，只要在窗戶旁瞥見影子，拿起手邊的啤酒瓶就往外砸去，往往百發百中。他的兒子周海嬰經常到外面去把爸爸丟出去的東西撿回來，然後贏得父親的誇讚而心滿意足。可以想像，魯迅的擊貓技能已是爐火純青。

魯迅最初恨貓，是因為貓傷害了他；魯迅之後恨貓，是因為他傷害了貓。人的認知一向傾向將自己的行為合理化。人性總是如此，相關的認知失調理論或實驗有很多，這邊就不多做論述了。

---

1 魯迅的回憶散文〈從百草園到三味書屋〉，收錄於散文集《朝花夕時》。

八部書外皆狗屁

——北大覺青黃侃狂嗆胡適

人物小檔案

黃侃（一八八六年四月三日～一九三五年十月八日）國學大師、語言文學家，自稱「量守居士」。在文字學、聲韻學上頗有建樹，與章太炎合稱「章黃學派」。

如果說胡適的翩翩是知識分子的風骨，那麼黃侃的為人就是對整個社會的反諷。

黃侃打破了我們對讀書人溫文儒雅的刻板印象，做為一代鴻儒，黃侃性格孤傲，行為乖張，還經常在公開場合飆罵髒話，人們都說他是十足的「瘋子」，他曾在北大做過這些事情：

一、和同事一起研討《小學》的心得，解讀與看法不同，便把一根手杖遞給同事，自己則執了一把短刃跳到門外，招手示意同事到外面決鬥。

二、不滿白話文運動，嘲笑文化領袖胡適說：「如果你身體力行白話文，名字就不該叫胡適之，應稱『胡往哪裡去』才對。」

三、在課堂上講到重要的地方突然停下來對學生說：「對不起，只靠北大這幾百元薪水，我還不能講，想知道的得另外請我上館子。」

以上例子只是冰山一角，如果要寫所有奇聞軼事，可能要另外寫本書了。讀者可能會好奇，這麼陰晴不定的傢伙，憑什麼在北京大學教書呢？因為黃侃的學術涵養，與他的硬脾氣成正比。

同盟會革命元老

黃侃十八歲時便因優異成績考入武漢文普通學堂，兩年後因成績優秀被官派至日本早稻田大學留學。加入中國同盟會後，在《民報》發表多篇文章而一舉成名，後來兼「交際身分」，說白點就是今日的「黨內公關」，負責聯絡各地黨員。為了深入了解內地情況，黃侃甚至在全國通緝的情況下冒險回國，與著名革命組織文學社商討時政。總結一下他的前半生資歷：

一、日本早稻田大學官派留學生

二、中國同盟會公關

三、《民報》資深寫手

可別以為這三個資歷沒什麼，在那個窮途潦倒的年代，這些資歷隨便拿一個都足以嚇死人。以早稻田大學來說，當時申請出國留學的機率非常低，黃侃的老家四川錄取人數一年不到五十人，而報考人數卻數萬有餘，錄取率不到百分之一，入選者的能力絕對是綽綽有餘。

辛亥革命後，革命黨員的共和壯志終於實現，功臣都受到禮遇，以英雄之姿回國。黃侃在蔡元培的幫助下達到人生巔峰——進入北大任教。

任職北大

黃侃初到北大便引起不小的騷動，他雖然是革命黨分子，但腦袋卻一點也不「革命」，提倡文言文、愛好儒家禮樂，聽他在講堂說話，就像是聽明清年間私塾學究教書一樣，儼然是無趣古板的先生形象。許多學生很納悶為什麼北大會聘請他教書，當時還是學生的羅家倫在回憶錄中提到：

黃季剛（黃侃）天天詩酒謾罵，在課堂裡面不教書，只是罵人，尤其是對於錢玄同，開口便說「玄同是什麼東西，他那種講義不是抄著我的呢？」他對於胡適之文學革命的主張，見人便提出來罵。

學生都稱黃侃是一個「特別教授」，彷彿是從古代穿越過來的奇人，上課鈴響了，教室裡坐滿了學生，等待老師上課。黃侃卻安坐在教員休息室喝茶，誤點二十分鐘是常態。除此之外，黃侃講課有兩個原則，一是不帶原書，二是不帶講稿，課堂內容全存在腦中，旁徵博引，口若懸河，想到什麼就說什麼，這種講解方式雖然聽起來很新潮，但實則不盡人情、晦澀難懂，導致期末考成績不及格的學生非常多。曾有學生在考試前湊錢辦了一桌酒席宴請黃侃，期末考試後，全班都及格了。

與胡適瘋狂對嗆

當然，黃侃最令人津津樂道的不是教學風格，而是他在文言文與白話文之爭中屢次劣勢化優勢，將白話文論點擊破的故事。

黃侃和胡適都是北大教授，在同一個屋簷下，想法不相同，衝突的次數自然也多了。胡適雖然一副謙謙君子之姿，對人的態度也沒問題，卻因提倡新文化運動的主張惹得黃侃很不順眼，隔三差五就會被臭罵一頓。黃侃有次在課堂中大聲說：「胡適之說做白話文痛快，世界上哪有痛快的事。金聖歎[1]說過世界上最痛的事，莫過於砍頭；世界上最快的事，莫過於飲酒。胡適之如果要痛快，可以去喝了酒再仰起頸子來讓人砍掉。」

一九三四年秋天，胡適在北大講課時稱頌白話文的優點，一位學生舉手提問：「胡先生，難道說白話文真的沒有絲毫缺點嗎？」胡適微笑著說：「沒有的。」那名學生說：「肯定是有的。白話文語言不精鍊，打電報用字多，花錢多。」胡適這時做了個生活化的比喻，要求學生用文言文寫一封最簡短的謝絕信，看看文言文是不是真的那麼靈。學生們討論了許久，最後交出十二個字：「才疏學淺，恐難勝任，不堪從命。」這時胡適莞爾一笑說：「我的白話文電報只用了五個字：『幹不了，謝謝。』」

胡適的機智應答傳開後，校內引起一陣轟動，年輕學子皆稱「白話文大勝文言文」、「革新乃當務之急」。消息傳到不把白話文當回事的黃侃耳裡，他不禁大發雷霆，文言文在他眼中是神聖般的存在，怎麼可能容許位居下風。黃侃怒沖沖地跑去上課，在學生面前也舉了個打電報的例子：「假如胡適的太太死了，他的家人用白話文發電報，必云：『你的太太死了，趕快回來啊！』長達十一字；而用文言文僅須『妻喪速歸』四字即可，光電報費就可省三分之二。」

某次，北大辦了一場宴會，胡適和黃侃都受邀參加。胡適當時正研究墨子學說，而黃侃則是研究儒家學說，兩人都在宴席上高談闊論，分享自己的學術見解。不過黃侃很快就無法接受胡適的觀點，當即罵道：「現在講墨學的人，都是些混帳王八！」胡適聞此喝斥，新仇舊恨一下被點燃了，黃侃看胡適想動手卻又努力抑制的表情，心裡不自覺感到愉快，又補罵一句：「便是適之的尊翁，也是混帳王八。」胡適拍桌而起，眼看就要動武了，黃侃見狀，仰天大笑：「且息怒，我在試試你。墨子兼愛，是無父也。你今有父，何足以談論墨學？我不是罵你，不過聊試之耳！」

胡適的注意力很不集中，有時喜歡哲學，有時喜歡歷史，許多著作寫一半就停筆，譬如著名的《中國哲學史大綱》只有上部。黃侃曾在課堂上調侃：「昔日謝靈運[2]為祕書監，今日胡適可謂著作監矣。」學生們不解其意，黃侃詭笑道：「監者，太監也。太監者，下部沒有了也。」

我們現在一想到胡適，內心會浮現一個溫文儒雅的形象，但如果真的踩到胡適的底線，他可能比任何人都可怕，黃侃就是個好例子。胡適認清這輩子不可能改變黃侃的舊腦袋了，從言語上的對立，轉變成行動上的報復。當時黃侃非常賞識學生傅斯年，打算將自己的衣缽傳給他。胡適卻極力拉攏傅斯年，讓他從傳統國學走向新文化，就此與黃侃切割，讓黃侃傷心了好一陣子。後來，黃侃還遭到支持白話文運動的師生聯合排擠，灰溜溜地離開了北大。

猜猜看，黃侃今天會不會來？

離開北大後，中央大學校長同情黃侃的遭遇，寬宏地收留了他，但黃侃卻從未表達感激，也許在他眼中，進入中央大學是校方三生有幸的福氣吧！黃侃一進去就像個瘋子一樣，想哪時走就哪時走，想勾搭哪位女學生就勾搭哪位女學生，一生娶了九個老婆，三個是他的學生，什麼時候想換就換，從來不顧及學校怎麼想。

除此之外，他對教育愈來愈不熱衷，經常找理由遲到或請假，綽號為「三不來教授」，即「下雨不來，降雪不來，颳風不來」，每逢天氣狀況陰晴不定時，學生便會聚在一起，把賭注放在桌上，打賭黃侃會不會來上課，壓不來的往往得勝而歸。

某一天，中央大學教職員舉辦聚會活動，黃侃和吳梅[3]都來吃飯，黃侃向來不把同行放在眼裡，文學系的教師連一眼都不看，他趁酒酣耳熱之際，將滿腹牢騷傾瀉而出，諷刺曲學為中國文學的「旁門左道」，並表示恥於與擅詞曲的人來往，好像是刻意針對專教詞曲的吳梅。吳梅經不過此番羞辱，和他激辯起來，黃侃酒醉反應慢，說不過別人，想一巴掌打過去，但又沒打中，吳梅當即往胸口回敬一拳，雖然力道不大，但讓黃侃差點摔倒。黃侃吆喝著吳梅到庭院外一決雌雄，吳梅也脫去外套準備大幹一場，幸好在同事勸諫下，兩人打消念頭各自回家。

不過他們倆後來還真的打過一架，原因竟是為了一席位子。當時校方為款待忙碌教師，在走廊間設置沙發供休息使用，黃侃認為自己公務最忙、名氣最旺，沙發理應是為他而設置；沒想到一日下課，竟見吳梅坐著沙發小歇，他忍不住發作：「你憑什麼坐在這裡？」吳梅冷冰冰地回答：「憑詞曲坐在這裡。」黃侃回想之前發生過的事，氣得直撲吳梅過去，扭打在一起。這次沒有教授攔阻，兩人打得很猛烈，不過畢竟都是讀書人，不懂如何從拳頭取勝，最後只受了點皮肉小傷。

此後，教務處便把吳梅的課排在一、三、五，黃侃的課排在二、四、六，成牛郎織女隔河相望之勢來減少摩擦。

一代狂人的逝世

黃侃治學嚴謹，發明了「五十之前不著書」的觀點，意旨五十歲以前氣候尚未成熟，寫出來的書不周全，因此必須等待時機，修為一到就可以寫出完美作品了。不過正當他準備大展鴻圖時，卻意外生病逝世了。

黃侃以前最瞧不起讀書半途而廢的人，一本書讀了一半不行，一定得全部讀完，諷刺的是，他臨終之際已經博覽全書，唯獨《唐文粹續編》沒看，他吐著血嘆息道：「我平生罵人殺書頭，毋令人罵我也。」黃侃勉強著身體，半走半爬地移動到書桌，從櫃子中取出那本書籍，然而還沒翻到正確的那頁就倒在地上，捉弄別人一輩子的他，未料到頭來讓命運給捉弄了。

---

1 明末清初的著名文學批評家。

2 南北朝著名詩人。

3 中國近代教育家、戲曲理論家、作家。

當之無愧的飲酒之王

——清大校長梅貽琦愛喝酒

人物小檔案

梅貽琦（一八八九年十二月二十九日～一九六二年五月十九日）

中國物理學家和教育家，曾任中華民國教育部部長、中央研究院院士和清華大學校長，是清華在任最久的校長，本書唯一一位理工男。

很多人沒有聽過梅貽琦的名字，是因為做為校長的他沉默寡言，不喜歡有大新聞，知名度遠不如陳獨秀、胡適等學運領袖，總而言之，大概是梅貽琦的「趣味性」不高，沒有什麼津津樂道的故事，所以人們談起民國時，自然也就忽略他了。

但這並不代表他的歷史功績不如別人，相反的，梅貽琦是清華大學歷史上任期最長的校長，被尊稱為「清華永遠的校長和靈魂」。長達二十五年的教育生涯，梅貽琦為清華大學的發展奠定良好基礎，編訂嚴謹的教師甄選制度，不但重視任職教師的學術水準，對師德也有極為嚴格的要求；對待同學從不隨便，曾多次冒險保護學生免於危難之中。可以說，如果沒有梅貽琦，清華大學必定沒有如今的傲人成果。

話說回來，這篇文章要講的主題，並不是歌功頌德的錦繡文章。換個角度想想，梅貽琦專心致力於教育，執行公務往往通宵達旦，很多人認為他簡直是絲毫不需要休息的機器人。然而，難道機器就不需要待機的時間嗎？梅貽琦是如何在壓力極大的教學生涯中調養性情，獲得釋放呢？

答案很簡單：喝個痛快！

風雨飄搖的清華

梅貽琦嗜酒是清華大學公開的祕密，當時無論是名聞遐邇的教授，還是成績不及格的大一新鮮人，多少都了解他的奇聞軼事。在眾人的回憶中，梅貽琦的型態樣貌多為如此：

相貌：神色嚴肅，戴著圓眼鏡，臉頰稍微凹陷，留著標準的西裝頭。

身材：高銚消瘦。

舉止：沉默寡言，很少做大幅度的動作，晚上會偷偷在某個地方喝酒。

梅貽琦就任清華的時間在一九三〇年，正好是華北政局最風起雲湧的時刻。當時國民政府試圖將黨義嵌入清華教科書，實行軍事化管理，以期將來為黨國所用；前任校長羅家倫積極配合政府，惹得學生群情激憤，以罷課、遊行將其趕跑，再也沒有回來。

羅家倫離開後，政府又派了個性剛烈的喬萬選，他帶著大批人馬進入校園鎮壓，仍有少數學生不服，他們手拉著手站在校門，始終不肯向後退一步。這些學生叫囂著部隊開槍，但喬萬選不敢，他只是個校長，無法擔起這麼大的責任，學生由此識破了他狐假虎威的伎倆，最終喬萬選也垂頭喪氣地離開清華園。

清華一時成為政府焦頭爛額的「問題大學」，沒有校長可不行，但學生又不聽指揮，怎麼辦？就在此時，學生們公布了對校長的五大要求：

一、沒有黨派色彩。

二、知識淵博。

三、要有很高的威望。

四、人格高尚。

五、能實實在在地發展清華。

國民政府左思右想，想不到什麼好人選，於是打算臨時推派一個在各方面都有涉獵，但都不是非常專精的人選含糊帶過，梅貽琦正是在這種局勢中雀屏中選，倉皇就任。

風光上任的另一面

清華大學接近一年沒有校長，學生們亂成一團，根本無法有效管理，再加上梅貽琦長年都在海外學習，已經不太熟悉校內的事務，只能暫且服從教授們的建議，讓他們主導清華的事務。

這時候的梅貽琦雖然貴為清華校長，手中卻沒有一絲權力，開會時只能聽教授說話，辦公時只能看教授表演，機靈的學生常拿此事調侃，又有人曾以梅貽琦的口頭禪作一首打油詩，諷刺其優柔寡斷、缺乏自信的性格：

大概或者也許是，不過我們不敢說，
可是學校總認為，恐怕彷彿不見得。

其實，梅貽琦也知道應當為學校負起責任，擔任運籌決策的先鋒，他何嘗不想這麼做呢？無奈他只是很多事還沒弄明白的新人，只明白自己是政府及學生團體衝突中取捨調和而來的傀儡。

由於梅貽琦個性沉默寡言，現今對他留下的史料並不豐富，在個人的內心感受上更是寥寥無幾。現在的我們俯望如此窘迫的一段歲月，很容易想像梅貽琦當時的感受，時局之窘迫，心境之淒涼，對於眼下面對的困難，卻只能為自己的軟弱無力自責。梅貽琦當上校長前，曾有一段作風嚴謹的生活，在美國求學期間皈依基督教，信仰相當誠篤，回國後對菸酒絲毫不沾，但此時面對龐大壓力，使他在上任不到半年便染上了嚴重酒癮。

月下飲酒

起初，梅貽琦是自己喝酒，不敢讓其他人知道，也不想被他們知道，直到認識了在清華就任後的第一位好朋友——老舍。老舍當時的個人狀況和梅貽琦差不多，也是在外地待了好幾年，近幾個月才回到北京，由於他們沒有當地友人，所以自然就合在一起了。

老舍喜歡喝酒，梅貽琦也喜歡喝酒，兩人經常在下班後相約月下對飲，至於聊天的內容，也許是工作上的叨念，也許是詩詞歌賦的感嘆。根據語言學家羅常培[1]回憶，有一次他們倆月下對飲時，竟被師生們發現了。他在短文〈梅月涵月下訪友〉寫道：

一天晚上，皎潔的月光灑向春城昆明每一個角落，翠湖蕩漾著月輝，閃著銀光。阮堤上，鋪滿了輕紗一樣的月華，高大的樹木遮擋，就留下一簇陰影。青園（青雲街靛花巷北大文科研究所別名）諸友陪老舍從街上歸來，穿過湖濱，一邊步月，一邊閒聊，大家沉浸在溶溶月色之中。剛轉過玉龍堆和翠湖北路的轉角，忽然看見一個人在月光底下，提著一個布口袋，低著頭，踽踽獨行。眼尖的仔細一看，這不是梅校長嗎？他的口袋裡裝著一瓶紹興酒，正準備到青園訪老舍對酌，這一來把月夜點綴得更風雅、更可愛了。

梅貽琦愛好喝酒的祕密終於不小心曝光了，月下對飲的事件迅速傳開，他當時壓力可大了，身為校長，喝酒本來就不是一件好事，竟然還被別人發現，這成何體統？梅貽琦原以為會招來一頓謾罵，沒想到事情卻走向了不同發展——與他喝酒的人多了起來。

當那些馳名中外的教授們知道梅貽琦會喝酒後，非但沒有責怪，反而感到十分親切，原來這名沉默寡言的校長也有真性情的一面呀！梅貽琦的反差萌，深深地抓住了教授們的胃口，也讓他與教授之間多了一條交流的管道。此後月下對飲不再只是梅貽琦與老舍兩位異鄉人的牢騷，更是清華大學教授的休閒集會：

大家在翠湖邊的一塊空曠之處，團團圍坐，對月飲酒。這下酒的花生米和豆腐乾兒，吃到嘴裡，更有滋味，與綿長的酒香，相得益彰。老舍有了酒助興，話匣子打開，滔滔不絕。直到月影西斜，大家帶著一點兒酒意，踩著一地月光，盡興而歸。

梅貽琦在酒席上往往來而不拒，只是，他絕不是一個酒徒，而是酒中君子。他有飲酒賞月的雅趣，也有借酒澆愁的行為，但絕不酒後失態。很多同事回憶過梅貽琦喝酒，但從來沒有人表達反感，反而一致誇讚他的酒品極高、臨危不亂。

酒席之間，在月光的薰陶之下，梅貽琦和教師們的距離漸漸拉近，他不再只是一位從他鄉匆匆趕來的外客，而是大家的朋友，清華園的一分子。

梅貽琦在清華大學度過了七年的教育時光，在這段期間，他把校長能享受的特殊待遇都刪除了，不僅取消電話費免費、米麵免費供應的規矩，還把司機和廚師都解雇了，硬是擠出一筆預算替學生安置新器材。清華大學要蓋大樓，資金不足，梅貽琦便和妻子一起做糕點，晚上辦完公務後，拉著一臺小拖車四處販售。

清華大學的教授見他不像作假，開始另眼相看。就這樣，梅貽琦以自己的言行證明對教育的熱忱，也樹立了清華百年樸實無華的學風，影響一代又一代學子。直到盧溝橋事變前，大學驅逐校長的運動可以說是屢見不鮮，但無論什麼時候，清華學生們的口號都未曾對準梅貽琦，可見，梅貽琦已經是清華全體師生公認的精神領袖。

獨自撐起西南聯大

盧溝橋事變後，華北平原陷入戰火，北京大學和清華大學都落入日軍手中，梅貽琦與同伴開始了流亡辦學的旅程。他們首先跑到長沙，在當地設立國立長沙臨時大學，不過長沙後來也陷入戰火，他們又撤往雲南昆明，在那裡成立了著名的國立西南聯合大學。

西南聯大的環境相當艱困，正如校訓所說——剛毅堅卓。教學環境遠不如清華，學生宿舍老舊，團膳缺乏衛生，下雨天教室還會漏水。梅貽琦在西南聯大時，面對無數的坎坷與磨難，喝酒頻率比往常更高了，從他的日記可以發現，梅貽琦飲酒的頻率多到接近上癮的程度，西南聯大沒有人不知道他嗜酒，各方史料和回憶錄片段也不乏出現他的飲酒行徑：

一、教育家蔣南翔說：「梅先生最使人敬愛的是喝酒的時刻，他從來沒有拒絕過任何敬酒人的好意，乾杯時那種似苦又喜的面上表情，看過的人終身不會忘記。」

二、中國考古學之父李濟說：「我看過他喝醉，但沒看過他鬧過酒。」

三、歷史學家鄭天挺說：「梅校長喜歡飲紹興酒，但很有節制。偶爾過量，就是右肘支著頭，倚在桌旁，閉目養一下神，然後再飲，從來不醉。」

無庸置疑，學校師生傳著梅貽琦飲酒的八卦時，內心仍對梅校長敬恭桑梓，他們不得不承認，西南聯大的創建，正是在梅貽琦努力下一肩扛起，而支撐他前行的支柱中，又以酒精占了極大部分。

其實梅貽琦也醉過，只不過不讓別人發現而已。他在喝醉後總會進行自我批評，就他的日記記載：

未得進食即為主人輪流勸酒，連飲數盃，而酒質似非甚佳，漸覺暈醉，原擬飯後與諸君商討募款事，遂亦未得談。十點左右由寶弟等扶歸來，頗為愧悔。

意思就是，我還沒吃飯就被主人輪流勸酒，一喝就是好幾杯，酒的品質似乎不太好，喝了幾杯就感到暈眩。原本計畫吃完飯要討論公事，但因太暈而作罷。十點左右，弟弟把我攙扶回家了，真是丟臉。

可見梅貽琦對醉酒誤事相當自責，也知道酒喝多了不好，在此奉勸各位讀者，喝酒傷肝又傷腎，除非萬不得已，不然可別逞意氣之勇呀！

開闢臺灣

八年抗戰結束後，清華大學在一九四七年舉行第一次校慶，梅貽琦在一片歡迎下重任清華大學校長，但沒想到只過了短短兩年，華北地區又再次淪陷。當時整個知識界都面臨著何去何從的問題，梅貽琦捨不得離開清華，但無奈自己的身分會引起猜忌，只能暫時出走美國，原以為共產黨的氣焰只會持續幾個月，等局勢穩定便可以返回清華了，不料這一晃就是好幾年。

於是，梅貽琦決定不回去了。

正如他的名言：「所謂大學者，非謂有大樓之謂也，有大師之謂也。」同理，在哪邊教書不是重點，有大師才是真清華，他決定在臺灣另立大學——新竹清大！

從一九五五年來臺灣至一九六二年逝世前，梅貽琦便再也沒有離開清華大學。即使新竹清華沒有北京清華的回憶，他依然視如己出。在臺灣的那段期間，梅貽琦曾有兩則喝酒軼事：

一、瞧不起私釀酒

一名化學系學生偷偷在實驗室製酒被抓到了，私釀酒被搬到校長室，梅貽琦對這種造酒方法感到好奇，吩咐人打開酒罈，倒出一杯要親自嘗嘗，一旁的訓導長楊覺民回憶：「梅貽琦皺了一下眉，對前來的彭傳真總務股長說：『老實說，這東西還談不上是酒。』」

二、**汽水與酒**

校慶期間，同事們紛紛湊過來向梅貽琦敬酒，一旁玩樂的小孩子想效仿大人，拿著汽水圍上來，梅貽琦來者不拒。當時在場的同事目睹此番情景有些坐不住，小聲地對他說：「梅先生何必乾杯，又何必站起來，他們是小孩子，酒杯裡是汽水。」梅貽琦別過頭來，神色嚴肅地說：「這就是教育，他們是小孩子怎可以飲酒？然而人格與我相同，豈可因為我是校長，年紀大，就視若無睹呢？我應該做一個典範。」

最慘的一次拚酒

人生大起大落數十載，終究快樂的少，愁苦的多，古人有道是「人生有酒須當醉，一滴何曾到九泉」，邁入古稀之年的梅貽琦仍舊不忘飲酒，甚至因酒喪命。

這件事與當時擔任考試院考選部部長的黃季陸有關。

黃季陸是一位自視天下無敵的酒霸，在酒席中縱橫廝殺，鮮逢對手，聽聞梅貽琦素來以「酒量馳名」，一直很想向他挑戰。一次開會，兩人終於狹路相逢，黃季陸知道梅貽琦的個性，別人向他勸酒，他從不會拒絕。於是會議結束後叫來一瓶白蘭地，根本不管梅貽琦是否願意就一股腦兒地勸酒，梅貽琦當時已是七十二歲的老人家，怎麼受得了這波攻勢。

等到白蘭地即將見底時，尚未喝醉的黃季陸沾沾自喜地取笑道：「梅先生，今晚如何？」側眼一看梅貽琦，黃季陸嚇得樣貌失色，梅貽琦已經醉到幾乎失去意識，黃季陸這時才知道自己闖禍了，趕緊請梅貽琦站起來，但他只是搖頭不動，黃季陸又取來大量飲料，希望藉此沖淡酒精強度。可是梅貽琦滴水不進，也不說話，只是兩腳不停地使勁伸縮。黃季陸慌了，趕緊打電話請醫生為梅貽琦解酒。

梅貽琦在深夜驚醒，原來自己已經被攙扶到家了，他心有不甘，決定用黑色幽默的方式報復黃季陸。第二天，黃季陸外出開會，他不放心，順道去梅貽琦的住處看望，門前詢問祕書：「梅先生怎麼樣了？」

祕書立即回答：「梅先生不在了！」

「不在了?!」黃季陸一聽，真如青天霹靂，難道名揚四海、德高望重的梅貽琦校長，真的被自己害死了？他趕緊再追問一句：「究……究竟情形如何？」

祕書笑答：「梅先生不在了，他到板橋研習會講話去了。」

傳奇人物的殞落

一九六二年，梅貽琦病逝於臺大醫院，自民國成立以來，從未有校長葬於學校的先例，然而治喪委員會卻按照梅貽琦的遺願，將他安葬在校園內（新竹清大梅園），就他們所說：「以梅校長和清華的關係，不是任何一所大學校長和學校的關係能比擬的。其他學校的校長不可以把校園當成墓園，但梅校長可以，因為清華和他已經融成一體了。」

綜觀梅貽琦的生平，他總是沉默寡言，鮮少發表看法，卻用最清正的風骨，告訴每一個學子應該怎麼做人。愛一個國家，不需要把愛掛在嘴邊，但一定要付諸行動。

當中華文化遭受存亡危難時，梅貽琦總是一概地付出，從不口出怨言。

中國歷史上會喝酒的人很多，會喝酒的名人更多，岳飛喝上一口黃酒就有迎陣殺敵的勇氣，李白喝上三碗酌酒，詩歌就有了靈性。梅貽琦與他們不同，既不會打仗，也鮮少賦詩，但他依然享有與酒相關的最高稱號「酒聖」，不僅因為他有高度的酒量和酒興，更因為他倚靠酒精的幫助，保證了中華文化的延續。

1 中國語言學家，與趙元任、李方桂同稱為早期中國語言學界的「三巨頭」。

第二章

一八九〇年代

1890

想知道我怎麼當上教授嗎？

——大學沒畢業的教授陳寅恪

人物小檔案

陳寅恪（一八九〇年七月三日～一九六九年十月七日）

現代歷史學家、古典文學研究家，清華大學國學院四大導師之一。因記憶力超凡且學識過人，被敬稱為「中國最博學的人」。

民初是出產最多大師的時期，眾多大師級人物中，這篇文章的人物是相對較為特別的一位，他新舊通吃、學術能力極強，當時幾乎所有的學者都給他極高的評價，胡適說他是「最淵博、最有識見、最能用材料的人」，傅斯年說他是「三百年來一人而已」，吳宓更推崇他為「全中國最博學之人」，他就是陳寅恪。只要陳寅恪舉辦演說，不論是本土派或留洋派，不論是力挺文言文的人，還是支持白話文的人，全都齊聚一堂專心聆聽，莫不敢吭一聲。不過令人難以想像的是，這位受大家極力推崇的大師，一生從未獲得正式學位，擁有的最高學歷只是中學而已。

現今社會常常強調學歷的重要性，但學歷未必能無時無刻反映出實際能力。陳寅恪的情況放到現在，基本義務教育都沒完成，想找到一份工作簡直難如登天，但他卻透過雄厚的國學實力，順利擔任研究院教授，證明學歷只是一張廢紙，真材實料才是本事。

超強家族背景

生活在現代的我們受十二年國教之福，人人都讀得起書，都可以念大學，讀完大學再找工作已經成為華人世界普遍認同的道理，但在封建時期，並不是所有人都能讀書，不僅非常耗時，且就學期間不能務農和經商，若沒有一點家族底子，肯定得半路折返。

清末的讀書人是一個非常高尚的稱呼，他們是活得非常體面，並受到外人欽羨的社會群體，父母通常很富有，因為愈有錢代表愈有資源讀書，成功機率自然就高了。陳寅恪也不例外，他的出生背景在民國時期算得上是頭等，比他更好的大概只有張愛玲，我們來看看他的家族名人：

祖父：陳寶箴
職業：晚清封疆大吏，曾任直隸布政使、兵部侍郎、湖南巡撫。
榮譽：清末著名維新派骨幹，被曾國藩稱為「海內奇士」。

外公：唐景崧
職業：臺灣巡撫，臺灣民主國大總統。
榮譽：名義上創立了亞洲第一個民主體制國家，在臺灣教科書具有很高的分量。

父親：陳三立
職業：詩壇泰斗，同光體詩派領袖，輔佐父親陳寶箴推行新政，是「維新四公子」之一。

榮譽：有「中國最後一位傳統詩人」之譽，遺墨動輒幾百萬起跳。

有這麼堅強的背景，陳寅恪要讀多少年書都沒問題，更何況陳家祖孫三代一脈相承，身上流淌著同樣的熱血和情懷，陳寅恪背負著聲名顯赫的家族歷史，決定步上前人的軌跡，拚就一番事業。

出國留學

陳寅恪從小就累積了國學底子，當朋友在背誦四書五經時，他已經能將十三經琅琅上口，父親見他天資聰穎，便送他出國念書，從十二歲那年起，陳寅恪開始長達二十三年的遊學生涯。這二十多年的時光，先後遊歷日本、歐洲和美國，在世界各大學府留下了求索的身影，世人皆道陳寅恪是「教授中的教授」，與這段期間的用功密不可分。

陳寅恪對學問極具耐心，哈佛讀書期間，受朋友們影響選修梵文，此文源於印度，因獨特的語法規則和極低的應用性，在課堂上臭名遠播，朋友們半年就知難而退，陳寅恪卻愈學愈起勁，學了二十多年不間斷，直到當上教授時，仍會向精通梵文的德國教授鋼和泰（Alexander von Staël-Holstein）求教。

正是這種堅忍不拔的求知毅力，讓陳寅恪輕易掌握英文、法文、德文、俄文的聽說讀寫能力，甚至學了許多幾乎沒有人會去觸碰的語言，比如突厥回鶻文、吐火羅語、西夏文、滿文、巴利語等，即使是多麼不實用的語言，在他面前仍是一門學問。在柏林留學期間，他結識了傅斯年、羅家倫、徐志摩、金岳霖等人，這群學界新星經常切磋學問，誰也不服誰，每當陳寅恪談論起國家對教育大綱的細節時，他們卻無不專心聞聽，予以最佳禮遇。

然而，金無足赤，人無完人，陳寅恪還是有缺點，就是沒心思獵取學位，他總認為學校教課太慢了，每次學到該學的東西後就揮揮衣袖，不帶走一張文憑。為什麼要這樣子呢？就連其侄兒也疑惑不解，兩人曾有這麼一段對話：

「您對現在的打算如何呢？」

「除留學讀書之外應無疑論。」

「可是您在國外留學十幾年，為什麼沒有得個博士學位？」

「考博士並不難，但二、三年內被一專題束縛住，就沒有時間學其他知識了。只要能學到知識，有無學位並不重要。」

話雖不多，但道理講得十分透徹，因為文憑在他眼裡不過是個象徵罷了，真材實料的知識才是他永遠追求的目標。俞大維[1]曾解釋道：「他的想法是對的，所以是大學問家。我在哈佛得了博士學位，但我的學問不如他。」在許多人眼中，學習無非是為了取得好學歷，方便找工作，但陳寅恪卻反其道而行，這種由內而外散發出的強烈使命感，是他成為大師的根本所在。

回到現實層面，陳寅恪縱使才高八斗，拿不出履歷，應該也很難成氣候吧！陳寅恪知道大學的選拔制度無法容納他的特殊經歷，俗話說「在家靠父母，出外靠朋友」，他用了那個時代常見的兩套潛規則：家庭背景、朋友關係。

一、家庭背景

陳寅恪出身名門，有著晚清社會的特殊家庭背景和影響，認識的人都是有一定地位和影響力的人物，所以在讀書的路途上始終是一帆風順。

二、朋友關係

陳家的關係四通八達，王國維、梁啟超都與陳家有淵源。陳寅恪也在海外認識大批知識分子，有這麼一層關係在，校內同僚盡力舉薦陳寅恪也是情理中的事了。

不過，倘若沒有一定的個人水平，縱有再硬的背景關係，恐怕也難以被接受。陳寅恪厲害的地方在於會的不只是歷史，各方面的功力都極為可觀，好像得來全不費功夫一樣。

清華四大導師

陳寅恪歸國那年，正臨清華大學創辦國學研究院不久，此院自一九二五年開始運作，已經成立滿一週年了，其規模之宏大，器材之齊全，師資之雄厚，可謂傾全校之力所創。建院初期本欲聘請四位導師，前三位都已經有了著落，他們都是呼風喚雨的獅子，令人畏懼的國學大師，資歷分別為：

一、王國維：中國古史研究的天才，開創甲骨文研究的第一人。

二、梁啟超：曾參與過戊戌變法、護國運動、新文化運動、五四運動，與近代史上的每一次變革都有密切相關。

三、趙元任：哈佛大學歸國的新派文人，擅長各國語言，模仿地方腔調。

三位導師無疑都是舉足輕重的大師，分開來講都能說上三天三夜，陳寅恪呢？既無名氣，也無篇幅很大的著作，更沒有博士學位，放在以學歷為人生目標的大學社會，只是一位再普通不過的路人甲。學校本想挖腳同樣有名氣的胡適，不過他在北大待得很舒服，不願意離開，於是第四位導師暫時空缺。

陳寅恪自然知道自身缺點，名氣比不過其他人，不過他有個優點，就是四通八達的人際關係。在國外遊走四方之際，陳寅恪結識了很多朋友，他們感情深厚，明白陳寅恪的學術能力沒有問題。他如今有難，這些朋友義不容辭，展開一連串的推薦轟炸。

首先是吳宓，他是陳寅恪在哈佛念書時非常要好的同學，曾宣稱「吾必以寅恪為全中國最博學之人」。如今當上清華大學的籌備主任，負責招募有名望的人當教授。吳宓責無旁貸，舉起雙手推舉陳寅恪，帶領他通過一次又一次的校內審核，開闢出一條活路。

很可惜的是到了最後一道關卡，也就是校長審查時，陳寅恪被擋了下來。當時的校長是曹雲祥，他為人保守，不喜歡太激進的改革，便以「為保證今後教授水準，不應放鬆聘任標準」為由，將陳寅恪擋下來了。

陳寅恪接著又請一些人說好話，並拜託梁啟超寫推薦信，校長仍無動於衷。此時的陳寅恪感到前途茫茫，黯淡不清，多年的學習得不到認可，心血彷彿化為塵土，任隨風起吹去。未來在哪裡？該繼續抱著渺茫的希望嗎？正當陳寅恪猶豫是否歸去時，梁啟超站了出來，堅持一定要留下陳寅恪，校長不接受，也得讓他接受。

一九二六年，離生死已近的梁啟超罹患各種內臟疾病（病逝於一九二九年），大部分時間都在協和醫院度過。但為了陳寅恪的未來，他仍然親自到學校和校長談判，費盡力氣舉薦道：「除陳寅恪外，無人可擔此任！」

校長曹雲祥不解：「陳寅恪是哪一國博士？」

梁啟超回答說：「他不是博士，也不是碩士，沒有文憑。」

曹雲祥又問：「那他有沒有知名的著作？」

梁啟超搖搖頭說：「沒有任何知名的著作。」

曹雲祥說：「既不是博士，也無著作，如何能夠勝任研究院導師？」

梁啟超鄭重其事告訴他：「我梁某算是著作等身了，但全部的著作還不如陳先生寥寥數百字有價值！」

曹雲祥見他身患重病仍奮不顧身的模樣，內心有點動搖，遲疑地點了點頭，同意將陳寅恪召入清華大學研究院，著名的「清華四大導師」終於到齊了。

深藏不露的陳寅恪

從受教到施教，陳寅恪終於如願以償登上人生巔峰。第一次教課時，陳寅恪即展現出教職天賦，教育最難能可貴的一點就是在學術與生活間找到平衡，學術是教師的專業，而生活與學生貼近，教師通常明白學術，卻不知道如何用生活的方式拉近與學生的距離。不過陳寅恪做到了，他教書不死板，亦不輕浮，不中庸，卻令人過目不忘。課堂期間，他沒碰過一次講義，說話內容全靠腦海中的大量史料，並以頗富生活情趣的方式說出來，眾學子聽得專心致志，有時又情不自禁地發出笑聲，快要下課時，陳寅恪逸興橫飛，即興在黑板上寫下一副對聯：

南海聖人再傳弟子，大清皇帝同學少年。

學生們看著黑板上的兩行大字，一時沒有反應過來，等到弄清楚了對聯的含義後，才明白原來老師在誇他們。康有為自稱南海聖人，是梁啟超的老師，而這群學生現在是梁啟超的學生，也就成了南海聖人的再傳弟子；王國維當過末代皇帝溥儀的老師，而現在這群學生是王國維的學生，豈不就成了大清皇帝的同學了。陳寅恪用深厚的國學知識，在學生間豎立起既威嚴又不迂腐的形象。

陳寅恪的課程知識含量極其豐富，聽課的人無不覺得是種享受。北大教授季羨林曾回憶說：「聽陳先生講課，如剝蕉葉，愈剝愈細、愈剝愈深，不武斷，不誇大，不歪曲，不斷章取義，彷彿引導我們走在山陰道上，盤旋曲折，山重水複，柳暗花明，最終豁然開朗，把我們引上陽關大道。」

學生座無虛席，教授也聞風而來，諸如朱自清[2]、馮友蘭[3]、程千帆[4]、沈祖棻[5]、林山腴[6]都是座上常客，陳寅恪的好朋友吳宓更是每堂必到，人們漸漸意識到，原來這位差點落選的導師，背後竟有兩把刷子。

後來，素有狂人之稱的中國國學家劉文典也跑來聽講，他對自己的學問極為自負，一言不合就和人吵架（據傳他曾和蔣介石在大學裡面打架，被關了好幾天），因此在校內人緣極差。劉文典起初也想找陳寅恪麻煩，但聽了他的演講，一時間竟為其氣質折服，服服貼貼地傾聽道理，就像被「收服」一樣。劉文典後來成為陳寅恪的好朋友，曾公開宣稱自己的學問不及陳寅恪的萬分之一，並多次告訴學生們，他對陳先生的人格、學問不是十分敬佩，而是「十二萬分敬佩」。

讓大家驚豔的事情還不僅於此，人們開始察覺，陳寅恪的腦容量極為驚人，只要文史方面有疑難問題，他一定能給出滿意的答覆，金岳霖回憶陳寅恪說：「有一天我到他那裡去，有一個學生來找他，問一個材料，他說：『你到圖書館借某一本書，翻到某一頁，那頁的底下有一個注，注把所有需要的材料都列舉出來了，你把它抄下，按照線索去找其餘材料。』」

有學生們到陳寅恪家中作客，他拿出葡萄酒款待學生，一位同學好奇地問起葡萄酒的產地，這時又顯現出陳寅恪的記憶力了，他立刻把「葡萄的原產地、原名，葡萄酒最早出現何處、稱什麼，何時又傳到何處、變成何名」一語道盡，同學們聽得目瞪口呆，原本不經意的一句話，在陳寅恪面前又是一門嚴肅的學問了。

差點被清大拋棄的「三無學子」——無聲望、無文憑、無著作，如今已然成為風起雲湧的當紅炸子雞。

「四不講」教授

陳寅恪每次到學校總是會抱著很多書，當他用黃布包裹，就代表今天要講佛經文學；當他用黑布包裹，就代表今天要講中國文學，雖然他總是帶著許多書，但從不麻煩別人幫忙。每到上課鐘響，陳寅恪便會腰桿挺直地站在講臺上，像播報新聞般講出一段開頭：

「前人講過的，我不講；近人講過的，我不講；外國人講過的，我不講；我自己過去講過的，也不講。現在只講未曾有人講過的。」

此話氣勢磅礴，古往今來僅此一人。為什麼陳寅恪能做到「四不講」？因為他無時無刻都在學習，講課內容會隨著他的增長而有更深層的看法，哪怕是同一門課講好多次，只要陳寅恪繼續讀書，便永遠不會停在原地。

陳寅恪教書相當負責任，在清華教書三十多年，只缺課兩次。他一生都想讓人知道文化的優美，有時講到入神處，會長時間緊閉雙眼，下課鈴響，同學們都走了，他還閉著眼講課，直到數十分鐘過去才驚醒，趕緊到下一班授課。

憑著過人的學術專才，陳寅恪受到各方學子的尊敬，胡適稱他是「最淵博、最有識見、最能用材料的人」，姚從吾[7]也說：「陳先生為教授，我們則只能當一名小助教而已。」後來因為大家有事情都找陳寅恪解決，頑皮的學生就幫他取了個「太教授」的綽號。什麼是「太教授」？太上皇指的是皇帝的父親，那麼太教授就是「教授中的教授」，比教授更高一層的知識分子。

陳寅恪的人生看起來精彩萬分，但又不難理解。似乎每個人都能想到，但想到不一定能做到，這要具備博大的胸襟和堅定的個性。講完了陳寅恪的前半生，高興的地方就告一段落了，如果了解他的生平，可以發現他的後半生幾乎是在痛苦與自殺間掙扎，父親絕食自盡、眼盲無法看書、自尊徹底剝奪……不過這又是另外的故事了。

1 中華民國陸軍中將，美國哈佛大學哲學博士，曾任交通部部長和國防部部長等職。
2 近代中國著名詩人、散文家、學者，著作合編為《朱自清全集》。
3 中國哲學家，被譽為「現代新儒家」。
4 中國文史學家。
5 中國詞人、詩人、文學家。
6 清末民初的詩人。
7 中國歷史學家。

其實，我也曾是宅男魯蛇

——胡適的戒牌日記

人物小檔案

胡適（一八九一年十二月十七日～一九六二年二月二十四）

新文化運動領袖之一，曾任國立北京大學校長、中央研究院院長、中華民國駐美大使，其主張自由意志與獨立思考，在學界影響深遠。

網路曾經流傳著一篇號稱「看了也不會後悔」的搞笑文章，點開後映入眼簾的是胡適在青年時期的生活日記：

七月四日：打開這本新日記，也為了督促自己下個學期多作些苦功。先要讀完手邊莎士比亞的《亨利八世》。

七月十三日：打牌。
七月十四日：打牌。
七月十五日：打牌。
七月十六日：胡適之啊胡適之，你怎麼能如此墮落。先前訂下的學習計畫都忘了嗎？子曰：「吾日三省吾身。」……不能再這樣下去了。
七月十七日：打牌。
七月十八日：打牌。

看完之後，我的嘴角不禁為之失守，原來備受推崇的文化大師，也和我們一樣有懶惰的一面，這個段子彷彿道出我們的生活常態。對進步的渴望最終敵不過對消遣的迷戀，沉迷於玩樂，雖然途中會自我反省，但嘴巴說不要，身體倒是很誠實，最終還是選擇賴在沙發上，滑手機度過一天。

然而，歷史上真實的胡適，真的是這種人嗎？

嗯，還真有幾分相似。

突如其來的學運

說起胡適，大家肯定十分熟悉。整個民國歷史裡名聲最響的除了蔣介石、張學良以外，就是胡適了，他是個說不盡的人物，歷史功績三天三夜也講不完。但是，我們今天可不是要講胡適在政治上做過什麼，而是要考據他前半生的頹廢史。

胡適是個標準型乖學生，每天六點起床，七點上學，一直讀書到傍晚放學，返家後繼續挑燈夜戰……日復一日，年復一年，日子就這樣不知不覺地過去了，青春年華的大半時光，他幾乎是在書本上度過。如果想要知道他為什麼會頹廢，就必須將故事拉回到一九〇八年的一個早上。

那年胡適十七歲，是中國公學的普通學生。這天，胡適一如既往地起床準備上課，剛出家門就察覺不大對勁，學校那邊特別吵鬧，好像發生了什麼大事；他加快腳步奔去，只見整間學校都是大字版和此起彼落的抗議聲，學生全聚集在廣場上，場面顯得有些擁擠，高處的學生拿著大聲公發表演說，其他學生或揮舞大旗，或專心聆聽，似乎是在提倡什麼訴求。

原來，中國公學正在進行學運。

中國公學創辦時政策比較民主，學生可以參與學校事務，但後來校方覺得麻煩，偷偷改成「董事制度」，由少數幾位校方大佬掌管一切，導致學生群起反彈。

當時的胡適雖說是個翩翩才子，但為人低調，不喜歡出頭，用個難聽點的說法，就是學校裡每次都考高分，但人際關係不好的人，要說能夠影響眾人實屬有些誇大，他沒有受邀參加，也不打算加入學運的行列。

但是，畢竟學運影響深遠，學生們紛紛扯學校後腿，導致中國公學幾乎無法正常運作，胡適無法求學，只能閒居在家，祈求學運趕快結束。

胡適學壞了

人生在世，不如意事十之八九，倒楣起來往往喝口涼水都塞牙縫。學運過了幾個月仍然火熱，似乎完全不見終點，胡適等同於無限期休學。直到過了快半年後，胡適眼看不是辦法，放棄了從文的念頭，準備接手祖上傳下來的小茶店。但所謂福無雙全，禍不單行，此時他們家的生意逐漸衰落了。

胡適讀書十多年，沒有拿到畢業證書也就罷了，今後甚至可能無法繼承家業。他整個人心灰意冷，在《四十自述》描述那段時期：

> 在那個憂愁煩悶的時候，又遇著一班浪漫的朋友，我就跟著他們墮落了。

那段時期的胡適整天無所事事，有人叫他去找工作，但礙於讀書人的身分不願意去。在生活毫無波動的情況下，這位血氣方剛的年輕人，只好趁此機會找點不正經的樂子，第一次喝酒、逛妓院、聚眾鬧事、賭博打牌就是在這時候學會的。

學壞容易學好難，如果胡適後來沒有改變，他這一輩子可能就只是一個廢人，而非後來的大文豪了。

喝酒誤事如今已是大多數人都認同的觀點，三杯黃湯下肚後，我們的智商往往顯著降低，做出一些清醒時想都不敢想的事，之所以不敢想的原因很簡單，就是太丟臉了。不過當時的胡適懵懂無知，哪會聽取這些建議，只有親身體會到錯誤的代價，才能明白個中滋味。

胡適十八歲時非常不正經，一次與狐群狗黨聚會，先去酒館喝得酩酊大醉，再趁著酒勁未退跑去打茶圍[1]，和那些漂亮的名妓姊姊嗑瓜子、抽香菸、划拳、喝酒。

胡適在酒館已經喝了不少，但仍不盡興，直到和名妓喝到語無倫次、茫到模糊後才被勸回家，朋友把他送上黃包車就繼續享樂去了。人力車夫見他喝掛了，偷偷拉到偏僻的地方，將他身上的錢財搜刮一空，隨即把他扔到路邊，頭也不回地走了。

巡捕巡邏時看見胡適躺在路上一動也不動，用手電筒照過去，在胡適的眼前晃晃，他就醒來了。胡適不明是非開始大罵巡捕擾人清夢，甚至脫下皮鞋揮打巡捕。巡捕不禁大怒，將他五花大綁帶回巡捕房。

第二天清醒後，胡適發現自己不是睡在床上，而是冰冷的牢房地板上。他完全忘了昨天發生什麼事情，直到負傷的巡捕走過來，胡適才回想起整個事情的經過，他羞愧難當，趕緊湊了幾塊大洋賠錢了事，溜之大吉。

愛打牌的高材生

解決鬧出來的笑話後，胡適終於幡然醒悟，選擇繼續完成學業，做個正直的人。當時正值「庚子賠款」[2]的官費留學，重新打起精神的胡適，苦心準備留學考試，最後順利成為美國康乃爾大學的官費留學生。

不過胡適貪玩的個性並沒有隨著思想啟發而消失，反而愈來愈濃烈了。

為什麼呢？胡適本來想進文學院，但在出國前，哥哥卻向他表示：到了美國別讀文學、哲學、法律，那些都不管用，中國地大物博，沃野千里，管好農業，才能貨出得去，人進得來，中國發大財！他哥哥不管胡適要不要，硬是替他報考農科，讓他專心進行糧物研究。

胡適留學的目的是想接觸文化、薰陶自我，沒想到志在文學的他，一到美國就充滿困惑，堂堂一代文青，竟然要拔草，這還不算什麼，每天的課程不是洗馬、套馬，就是剪枝、抓蟲。

胡適完全提不起興趣，到了蘋果分類時，他更是一個頭兩個大。當時一節課規定每個學生要根據教科書上所列舉的特徵，把三十多種蘋果加以分類，這對美國的農家子弟來說很輕鬆，但對從小沒吃過蘋果的胡適來講，簡直難如登天，兩個多小時才分出二十種，且錯漏百出，他心裡想：「這些蘋果，中國大半都沒有，我學了也沒用啊！」

中國有句話說「人生在世不稱意，明朝散髮弄扁舟」，如果生活不能過得稱心如意，倒不如放浪自我，乘著小舟打牌去吧！

胡適的打牌史料很多，其中又以個人日記最具代表性。我們在這篇文章一開始有講到日記內容，可以直觀地感受到胡適對打牌的熱愛，即使良心不允許，卻還是忍不住繼續玩牌。

我當然也愛看這樣的段子，但第六感卻發現事情應該沒有那麼簡單，翻閱了《胡適日記全編》，果然沒有找到出處。原帖似乎只是以誇張、模仿胡適口氣，根據笑點模擬了幾天日記。

真實的《胡適日記》

闢謠了這則段子的真偽，卻無法抹滅胡適愛打牌的事實。真實的《胡適日記》，其實和那則段子差不多，充滿著打牌、打牌、打牌。譬如一九一一年，胡適似乎打上癮了，每次寫日記時，「打牌」一事幾乎必定撰寫，八月分有記載的日期更是全都寫上打牌。

八月四日：化學第四小考，極不稱意；平生考試，此為最下。打牌。

八月五日：打牌。

八月十日：連日或以讀書，或以打牌，恆子夜始寢，今日覺有不適，故以此矯之。

八月十一日：夜打牌。

八月十八日：讀麥考利 (Thomas MaCaulay) 之「History」及「Johnson」。打牌。

八月廿三日：夜打牌。

八月廿四日：是日，打牌兩次。讀米爾頓 (John Milton) 小詩。

八月廿五日：打牌。

八月廿六日：讀德文詩歌「Lyrics and Ballads」。打牌。

八月卅日：晏起。打牌。

文章一般論述至此，按照一般作者的套路，再加上幾句反對過度沉迷娛樂的雞湯文便可以收尾。然而在閱讀《胡適日記》關於打牌的日記時，我腦中始終充斥著一個問題：胡適打的牌是哪種牌呢？這點胡適在日記中沒有特別提到，多方查閱資料終於找到了證據，在他的自傳裡，曾有過這樣一段記載：

在這時候各地的革命都失敗了，黨人死得不少，這些人都很不高興，都很牢騷。何德梅[3]常邀這班人打麻將，我不久也學會了。我們打牌不賭錢，誰贏誰請吃雅敘園。

由此看來，胡適打的牌應該就是麻將。也不知道胡適從美國哪間雜貨店買到中國麻將，還是一開始就帶來了？如果是這樣，那也太不成材了吧！

胡適一般會選擇週六、週日等零閒休息時段與好友相聚打牌，時間多為夜晚，也有玩過頭的時候，「初九日：雨竟日，未出門。是夜，與怡蓀、意君、鐵如打牌，通夕不寐。」天氣也是重要的影響因素，天氣炎熱、颳風下雨時自然無心做事，只得打牌消遣。

民國時期會打牌的文人很多，除了魯迅對打牌這事深惡痛絕之外，幾乎所有人都會在閒暇之際玩上一局，比如梁啟超、梅貽琦、徐志摩、江冬秀[4]都是麻將的愛好者，著名作家張恨水更是打出新境界，出版社編輯來他家催稿，發現他和朋友正在打牌，對他大發脾氣，沒想到張恨水笑了笑，叫他把紙稿拿來，左手打麻將，右手寫稿，一箭雙鵰兩不誤。

胡適戒牌

打牌對胡適的影響很大，這段時間常常「連日或以讀書，或以打牌，恆子夜始寢」，他覺得身體不適，想糾正不良作息與習慣，但隔天仍舊是「夜打牌」。如此不正常的作息，使胡適的成績愈來愈爛，「化學第四小考，極不稱意；平生考試，此為最下」，胡適將成績單放到桌上，感覺到自己的手微微顫抖，這些試題有不少都讀過，但在玩牌後全都忘掉了。

從此，他暗中許下承諾，決心戒牌。

胡適把住宿搬到新的地方，那裡離學校很遠，沒有認識的朋友，因此無法打牌。讀書時，他的腦袋仍繚繞著各種打牌的情景；閱讀原文史料時，心不在焉，手指無意識地抖動起來，模仿搓牌時手腕反覆揮舞的動作。等到胡適意識到時，才發現問題已經很嚴重，一不做，二不休，乾脆與好友金濤君約定一起戒牌。

值得一提的是，自從相約不再打牌後，胡適再也沒有在日記上提到打牌。關於打牌的記載就到此為止，也許是真的不打，也許只是不記了。

胡適害怕學生像他一樣誤入歧途，重蹈覆轍，長大後曾寫過一篇〈麻將〉痛批：「只有咱們這種不長進的民族以閒為幸福，以消閒為急務，男人以打麻將為消閒，女人以打麻將為家常，老太婆以打麻將為下半生的大事業！」可見當初是愛之深、痛之切啊！

胡適的歷史評價

胡適的前半生真是大起來落，活得痛快斐然。他曾經墮落，但很快戒掉陋習；他曾經懶惰，但馬上提振精神，近代史學者之所以這麼喜歡研究胡適，是因為他就像普通人一樣，擁有七情六欲，沒有任何包袱，閒閒無事時懶得可愛，準備考試時徹夜未眠。《胡適日記》雖有打牌的經歷，但畢竟當時的群體娛樂方式沒有如今花俏，打牌只是與好友相聚的娛樂方式和消磨時間的消遣工具，算是情有可原。

其實，我們把焦點放錯了，這段學生生涯中，胡適的打牌只是其次，生活重心主要還是放在進修上。七年的留學生涯，胡適翻閱了大量的中外名著，學會十七種語言，選讀農科時雖然心不甘、情不願，但也不忘求知精神，對化學、生物學等理科領域多有涉獵，且成績十分穩定。

撰寫《胡適日記》的同時更是雙管齊下，購買另一本日記，稱為《自言自語的思想草稿》，前者寫日常生活，後者寫今天學到了什麼，以及文學主張、哲學思想的演變，每一篇的篇幅雖然不長，卻稱得上篇篇錦繡，字字珠璣，閃爍著奪目異彩。

胡適的社會成就可不是輕易就能達到，千萬不要以為自己如胡適一樣貪玩、頹廢，就心安理得地繼續墮落下去。很多時候，我們看到的往往只是一面，而你信以為真就是全部。正如薩提爾（Virginia Satir）的「冰山理論」所述，冰山體積龐大，外表高聳偉然，想要了解它，不是向上望去，而是向下沉浮，我們忽略了冰山在水面下深不見底的冰層，而這些看不到的事情，往往決定了事件的命脈與轉折。

《胡適日記》一天僅由寥寥幾句完成，看不見的事情太多了，在農科上的努力、外文上的刻苦、文學上的艱辛等，幾乎沒有寫上，以至於我們以偏概全地相信：懶惰人也會出狀元。

在此奉勸諸位，不要把胡適打牌當作懶惰的藉口，卸載你的遊戲、放下你的手機，好好學習，認真向上。

1 古時嫖客到妓院玩樂，只請妓女喝茶、聊天，也稱為「打茶會」。

2 清廷於一九〇一年九月七日，與庚子事變相關十一國簽訂《辛丑條約》中所規定的賠款，係針對一九〇〇年（庚子年）義和團發起的庚子事變，引致八國聯軍出兵中國，因此被稱為「庚子賠款」。

3 中國新公學的教務員。

4 胡適的妻子。

民國第一不要臉先生

——天生媚骨的郭沫若

人物小檔案

郭沫若（一八九二年十一月十六日～一九七八年六月十二日）

中國現代文學家、劇作家、考古學家、社會運動家，中共建政後曾任中國文學藝術聯合會首任主席。

做為四〇年代末與胡適的名聲不相上下的知識分子，郭沫若的學術成就並不豐富，甚至可以說是十分慘淡，不擅於史學考據，亦不擅於翻譯外文，在學術氣息豐富的中央研究院，只是象徵性地出席，鮮少真正參與研究。

然而，郭沫若有個無人能及的長處，就是擅長攀權附勢，將拍馬屁的學問研究得無所不通，他的詩集詞藻華麗，演講舌燦蓮花，寫文章可直抒胸臆，亦可一詠三嘆，是中國文人中馬屁拍得最有技術的一位。在趨炎附勢的道路上，郭沫若輾轉於各大派系，先後獲得了蔣介石、汪精衛、毛澤東等人的青睞，中共建政後，郭沫若的名氣甚至比所有民國學究還要更旺，一躍成為當代最大的知識分子。

由於運用太多陰謀詭計，得罪了太多人，在做人方面可謂是徹頭徹尾的失敗，當代的知識分子，幾乎沒有人給予正面評價。

一、魯迅：「遠看是條狗，近看是條東洋狗，仔細一看，原來是郭沫若先生。」

二、沈從文：「郭沫若是沒有多少文學成就的。」

三、考古同僚：「郭先生考古不為研究歷史，只為滿足私欲，有很多古籍記載的文物，他都想挖出來一睹真容。」

四、林語堂：「集天下肉麻之大成。」

五、胡適：「反覆無常，我是看不起他，也不服他。」

直到逝世後，郭沫若仍被冠以「民國第一不要臉先生」，俯瞰他生平的所作所為，我們可以知道這絕非偶然。

郭沫若的崛起

古往今來，中國能浮上檯面的文人大致分成兩種，一種是「學術型文人」，專精一物，在擅長的領域做出極大貢獻；一種是「馬屁型文人」，毫無道德底線，以討好權貴為一生志向。

郭沫若屬於後者。

郭沫若天賦極高，從小成績一直很優異，曾到日本學醫，也參加過新文化運動，二十九歲那年已經是暢銷作家了；他在詩詞方面尤為突出，是中國歷史上第一個嘗試作詩劇的人，什麼是詩劇呢？相當於白話詩的延伸，不過它有劇情，有因果轉折，讀起來十分暢快，就像童話故事一樣。中國在郭沫若之前沒有正經八百的詩劇，他相當於開了第一槍，在詩劇的地位可謂舉足輕重。

郭沫若的處女作《女神》出版後一炮而紅，其餘著作如雨後春筍般冒出，有了一群死忠的粉絲，也初次嘗到大紅大紫的滋味，眾多文學明星，如郁達夫、胡適都想和他見面。

然而，隨著名氣壯大，郭沫若的陰暗面也逐漸暴露在大眾眼前。

見風轉舵

郭沫若為人詬病的缺點在於個人操守，他之所以能在二十九歲那年，從微不足道的路人一躍成為當紅炸子雞，與他的氣節有很大關係。郭沫若善於吹捧他人，誰是當權者就吹捧誰，誰失勢就臭罵誰，靠著變換立場，遊走於幾大勢力之間，一次次地攀上新高峰。

郭沫若賣友求榮的事蹟人盡皆知，朋友對他來說就像便利商店的塑膠袋，需要時捧在手心，不敢鬆手，一旦用完就隨處丟棄，不多看一眼，被他背叛的人相當多，最著名的當屬魯迅。郭沫若那時雖已成名，但和魯迅等資深前輩相比仍顯得不足，為了能快速超越，郭沫若耍了個陰招，他邀請魯迅共同發表主題激進的文章，魯迅同意後，又立刻在自己主辦的刊物發文抨擊魯迅；魯迅發表的文章不討好人，讓許多人覺得他已經過氣，一看到郭沫若的批評，頓時感覺清新正義，不自覺成為粉絲。郭沫若靠著這種手段，痛擊對手、打敗同事，踩著別人的屍體一路往上爬。魯迅去世時，境內掀起一股懷念的風潮，郭沫若這時反倒跑去悼念，說自己和魯迅是至交好友，細數兩人之間深厚的情誼。

等到名聲已經響遍文學界時，郭沫若不再滿足於此，他要觸及政治，想要得到更多功名。

不過，郭沫若第一次嘗試接觸政治時竟然押錯寶了。寧漢分裂時，出現由汪精衛領導的武漢容共國民政府，以及蔣介石為首的南京清共勢力，武漢政府獲得蘇聯支持，汪精衛在黨內聲量很大，郭沫若見聲勢不錯，順勢發表長篇大論怒斥蔣介石是竊國大盜，接著輾轉來到武漢，投奔汪精衛政府，心想能獲得掌聲，沒想到汪精衛沒有把他當一回事，因為當時武漢政府文人很多，不缺寫文章的人，缺的是會打仗的將軍，做為反蔣功臣的他，熱臉貼上了汪精衛的冷屁股。

後來汪精衛和蔣介石言和，兩個國民政府合併，蔣介石成為實質領袖，他之前被郭沫若報章雜誌上的謾罵之詞弄得不堪其擾，因此以重金懸賞通緝郭沫若，嚇得他逃到日本待了十年。

抗戰爆發

七七事變以後，抗日戰爭爆發，機靈的郭沫若很快嗅到東山再起的機會。當時他有兩個打算，一是投奔中共，二是投奔國民政府。郭沫若曾在寧漢分裂時多次讚許社會主義，也加入了共產黨，在日本流亡時期，中共主動寫信請他去延安擔任要職，可見那裡很缺人才；而和國民政府的相處就不這麼愉快了，要冒著被殺頭的風險向蔣介石道歉，戰戰兢兢地過日子。

若是一般人，可能會無懸念地選擇前者，但郭沫若還真不是一般人，有大魚可以吃，為什麼要吃小餅呢？雖然冒險，但至少待在國民政府的發展機會更大，郭沫若快馬加鞭來到南京，動用各層關係求見蔣介石。

蔣介石在寧漢分裂時很不喜歡郭沫若，報章雜誌總有他的謾罵之詞，且多半是人身攻擊，但畢竟已經過去十年，現在全民抗戰之時，那點過節就算不得什麼了。蔣介石同意會見郭沫若，他恭恭敬敬地向老蔣懺悔過去的罪過，請求饒恕，他要獻身黨國，將功折罪。

會見完隔日，郭沫若趕緊在報上發表一篇〈蔣委員長會見記〉，對蔣介石大加頌揚，三次描寫老蔣的眼睛：「眼睛分外地亮」、「眼睛分外有神」、「眼神表示抗戰的決心」，郭沫若很會討好別人，他的拍馬屁能客製化，知道面對什麼人要用哪些詞彙才能尋得開心，蔣介石讀報時看到此處感覺通體舒暢，格外有精神，大筆一揮，就這麼放過郭沫若了。

郭沫若在抗戰時期的表現不錯，沒有值得詬病的缺點，大概是他人生中風評最好的一段時光。他擔任軍事委員會政治部三廳廳長，一路與將士同進退，國軍退到武漢，他就在武漢進行抗戰演講；國軍退到重慶，他就在重慶鼓舞士氣。在國家最困難的時期，他創作出大量劇本激勵民心士氣，愛國話劇在重慶處處可見，以精彩的劇情為苦難的抗戰民眾抒發緊張情緒，這些劇場一直開到抗戰結束。

集天下肉麻之大成

有些人可以同患難，卻不能同安樂。戰爭勝利後，郭沫若投機者的本性再次表露無遺，見到共產黨氣燄高張，直接飛去蘇聯，悄悄暗示他們可以合作；但另一方面，又幫國民黨宣傳政績及統治合法性。兩邊都討好一下，讓他們支持自己，誰也不得罪，這是郭沫若最擅長的政治手段。

一九四九年，內戰局勢逆轉，共產黨接連占領各城市，國民政府倉惶敗逃，蔣介石開始了著名的「搶救大陸學人」計畫，以勸諫的方式讓各地知識分子跟著國民政府出走，免受共產黨迫害。

留在大陸，還是東渡臺灣？郭沫若不在乎去哪，只想成為第一。當時全中國名聲最響的學者，第一名是胡適，第二名是魯迅，第三名是郭沫若，魯迅已經不在了，所以郭沫若算第二。當郭沫若得知胡適決定去臺灣後，他就決定留在大陸了。如果跟國民政府一起走，風采會被胡適的才氣遮蓋，他情願做一支共產黨的大聲公，為共產黨宣傳。

「黨決定了，我就照辦，要我做喇叭，我就做喇叭。」中共建國後，郭沫若出任政務院副總理、科學院院長，做為大陸名義上最強的知識分子，他絲毫沒有書生氣質，甚至稱得上媚骨，毛澤東討厭杜甫的詩，郭沫若便寫了貶低杜甫的文章，毛澤東喜歡秦始皇，郭沫若便寫了合理化秦始皇暴政的文章。史達林（Joseph Stalin）生日時，郭沫若又在《觀察》發表極其肉麻的〈我向你高呼萬歲——為史達林壽辰所作〉：

我向你高呼萬歲
史達林元帥，你是全人類的解放者，
今天是你的七十壽辰，
我向你高呼萬歲！
……
原子彈的威力在你面前只是兒戲，
細菌戰的威脅在你面前只是夢囈，
你的光暖使南北兩冰洋化為暖流，
你的潤澤使撒哈拉沙漠化為沃土。

只吹捧史達林，毛澤東可能會不高興，郭沫若左思右想，不禁覺得心驚膽戰，於是又寫了更噁心肉麻的〈毛主席賽過我親爺爺〉：

天安門上紅旗揚，
毛主席畫像掛牆上，
億萬人民齊聲唱毛主席萬歲萬萬歲，
萬歲萬歲壽無疆，
毛主席呀毛主席，
你真賽過我親爺爺。

此詩引用於《郭沫若全集》第十二卷七六五頁，非為後人偽託，真真確確地發生在真實歷史上。郭沫若雖然是以優美詩詞起家，但此時已經不見優美字句，取而代之的是徹頭徹尾的馬屁，或者說比馬屁更高一層，到達了天人合一、宇宙無二的肉麻境界。十多年前，林語堂就曾預料郭沫若能為功名利祿做任何事，曾稱「郭沫若集天下肉麻之大成」，放到此時絲毫不誇張。

濫掘皇陵

講完了郭沫若的言行，我們再來說他的舉止。

共產黨統治中國後，掀起一股考古學熱潮，郭沫若也一頭栽進考古學和甲骨文研究，別的考古學家挖墓是為了讓老祖宗的東西重見天日，而郭沫若挖墓卻是為了滿足好奇心。近幾年網路曾流行一個玩笑——考古等同合法盜墓——事實上是有差別的，盜墓賊只在乎陪葬品的經濟價值，不在乎墓葬的完整性，拿到想要的東西就可以了，其他一律不管；而考古卻注重歷史文物的整體價值，以盡量減少破壞、還原真實型態為主軸。

郭沫若卻將盜墓的意識精神，完好無缺地轉移到了考古。

當時考古學界有一個共識，就是「中國的考古技術尚未成熟，在不能做到有效保護的前提下，寧願讓文物待在土裡維持現狀，也不能挖掘出來」。郭沫若卻堅持在現有技術的能力下開挖萬曆皇帝[1]的陵墓（明定陵），靠著多層關係取得政府同意，率領考古團隊撬開陵墓，大搖大擺地走進去，裡面的裝飾沒有讓他們失望，各式珍玩古董、古玩字畫齊聚一堂，美麗的財寶堆積如山，精緻的瓷器車載斗量。但是郭沫若忘記把基本措施做好，使墓中大量精美器物接觸到空氣，在沒有來得及反應的情況下，這些寶藏迅速氧化成一陣黑煙消失不見，明定陵的挖掘成為中國考古史上頭號悲劇事件。

經過此次事件後，郭沫若仍未汲取教訓，幾年後又申請挖掘明成祖朱棣的陵墓（明長陵），但被一口否決；接著又把目光投向唐高宗李治的陵墓，向政府施以誘惑，說天下第一行書《蘭亭集序》的真跡極可能就在裡面，把好處說得多不勝數，但政府最後還是拒絕：若連《蘭亭集序》都在裡面，那麼更不該挖掘。

一九六六年，此時帝王陵墓的考古挖掘又繼續進行，只是這次的考古人員不是專業人士，也不是郭沫若，而是那群血氣方剛的紅衛兵。他們聚集在明十三陵，一人一把鏟子，將陵墓挖得遍地坑洞，找到東西便一把火燒掉；後來發現萬曆和兩位皇后的陵墓位置，居然將他們的屍體拖出來遊行。郭沫若當時身為明十三陵的名義管理人，擔心自己遭受迫害，竟任由紅衛兵破壞珍貴歷史資產，甚至幫忙端茶、送水，助紂為虐，這種行為顯然又比盜墓更加惡劣了。

鬥爭下的提線木偶

文化大革命前夕，郭沫若任職中國文學聯合會主席，擁有掌管地方藝術的一切權力，已然是中國文藝界的頭號分子，先不論是如何取得此番成就，以他的資歷和名氣如果繼續平穩地走，往後的人生肯定是安然平順，但時代卻無預警地改變了。

文化大革命爆發後，各地的知識分子紛紛遭到批鬥，不符合毛澤東價值觀的一切，迎來了毀滅性的打擊，郭沫若很多同行都被公開點名批判，因鬥爭而自殺的人不計其數，毛澤東雖然沒有把鬥爭的路線劃向郭沫若，但他的兒子們便沒有那麼幸運了，二兒子被綁架關押、四兒子退學自殺、六兒子墜樓身亡，郭沫若惶惶不可終日，為了完全脫離懷疑，只能表現出最狂熱、最瘋狂的一面，為文化大革命助紂為虐。

我們在有關文革的影視作品中，經常看到有人拿著象徵舊文化的器物，比如把京劇面具或皮影戲扔進火堆燒掉，這個風氣是由郭沫若帶領起來的，他在一九六六年宣稱：「我以前所寫的東西，嚴格地說，應該全部燒掉，沒有一點價值。」話語一經公開發表，竟獲得了毛澤東讚許，全國上下開始翻箱倒櫃，將象徵舊文化的牛鬼蛇神糾集出來燒毀。中國知識分子瞠目結舌，國外輿論更是一片嘩然，日本藝術家福田恆存直接批評郭沫若：「秦始皇僅是想消滅反對他思想的人，但郭氏背叛了受他影響和支持他的人。秦始皇的恐怖政治雖然很可怕，但郭氏的無責任感所顯示的道德頹廢卻更為恐懼。」

為了前途與命運，郭沫若始終不敢提出一句反對，甚至不惜否定自己以求保身，拋棄學術，不要面子，甘願為殺死自己兒子的凶手譜寫詞句，直到文化大革命的最後一年，郭沫若仍在為其捧場：

四海通知遍，文革捲風雲。階級鬥爭綱舉，打倒劉和林[2]。十載春風化雨，喜見山花爛漫，鶯梭織錦勤。茁茁新苗壯，天下凱歌聲。走資派，奮螳臂。鄧小平，妄圖倒退，奈翻案不得人心……

這首詞發表五個月後，毛澤東逝世，以江青為首的「四人幫[3]」遭到逮捕，文化大革命終於結束了，郭沫若接著又跳出來發表新詩慶祝，對之前的發言猶如得了健忘症一樣：

大快人心事，揪出四人幫。政治流氓文痞，狗頭軍師張，還有精生白骨，自比則天武后，鐵帚掃而光。篡黨奪權者，一枕夢黃粱……

郭沫若之死

綜觀所有民國文人，郭沫若的晚年過得最安詳，自從罹患肺炎後，他在北京的醫院享受良好的醫療條件和照顧，安然度過餘生；文史界比他貢獻更多的學者，諸如陳寅恪、吳宓、錢鍾書等人，卻因固守道德價值遭受批鬥，被奪去自尊與家產，在悽慘孤寂中離世。中共官方在郭沫若身後給予很高的哀榮，鄧小平親自致悼詞，肯定郭沫若「是全國人民，特別是科學文化教育工作者和廣大知識分子學習的榜樣」，但我們如今回顧此番言詞，雖然無法用兩、三句評論對錯，但心中肯定都有一把尺吧！

鮮少人知道，郭沫若即將離世時，或許是知道自己的做法太不得人心，曾簡短總結自己的一生，在給朋友的私信中透露出了悔悟：

做人有兩種，一種叫逢場作戲，那樣，很快就能成功。另一種，叫自然流露，也很容易倒楣，甚至毀掉。我的詩，最早之所以寫的好，是因為自然流露。比如我寫《女神》……北伐之後，我的地位漸漸高了，就免不了學會逢場作戲了。這是很悲哀的。凡是逢場作戲的人，寫出來的東西，都會遭到後人的嘲笑。

郭沫若弄權一生，終究還是後悔了。

1 明神宗朱翊鈞，萬曆帝，明朝第十四代皇帝。

2 劉和林係指劉少奇和林彪，前者為中國政治家、無產階級革命家，中華人民共和國的重要締造者；後者為中國共產黨黨員、政治家、軍事家，中華人名共和國元帥。

3 四人幫為一九六六年至一九七六年，中國共產黨「無產階級文化大革命」時期形成的政治集團，成員分別為王洪文、張春嬌、江青、姚文元。

我捨不得對你們生氣

——軟弱可愛的吳宓教授

人物小檔案

吳宓（一八九四年八月二十日～一九七八年一月十七日）

比較文學家、著名西洋文學家，學衡派代表人物。

人都會有軟弱的時候，沒有任何一個人是完美無缺，但處理這種個性時，人們卻呈現不同觀點，多數人喜歡隱藏脆弱，營造出美好表象；有些人喜歡大聲把牢騷傾洩而出，使心情快活一點。而這篇文章的主角——吳宓教授，他解決方案有點特殊，他的軟弱不是一種情緒，而是深深扎入內心、無法撼動的一種個性，在學術生涯裡，遇到強勢的學者低頭，遇到理性的學者也低頭，遇到學生意見不一樣，也是先低頭再說。

有人說吳宓的個性看起來很可憐，但其實是一種生活大智慧，俗話說：「飽滿的稻穗是下垂的。」這句話套用在吳宓身上再適合不過了。他雖然沒有五斗米折腰的氣概，卻能夠靠著強大的心理狀態，忍受一切紛擾，在無奈的亂世中維持謙虛與正能量。

如何養成軟脾氣？

吳宓的軟脾氣與家庭、幼年生活有密切關係，他出身於陝西省的名門望族，累世為鹽商。各位要知道，在封建時代，賣鹽可是非常賺錢的職業，春秋時期的齊國之所以可以率先稱霸，也是因為鹽商眾多的關係。吳家的鹽商分號遍布長江沿岸的碼頭，有聚落的地方便有吳氏家族的商船出沒，因此，吳家有一個外號——陝西省首富。

家裡有錢，生活自然過得順遂，吳宓曾在成年後寫了一本《吳宓自編年譜》，裡面詳盡記載吳家到底多富有、多豪華，以及小時候受到了多大程度的保護，不過礙於篇幅，僅舉一例：祖母六十壽辰時，家中大宴賓客，每個人都在忙碌。吳宓突然大喊口渴，廚房的人都在忙，過了很長時間才有一位婢女端水出來。祖母知道後認為吳宓受了委屈，變得非常憤怒，奪過水碗便向婢女的頭上扔去，此後又利用各種手段逼死婢女。家庭對吳宓保護之嚴謹，可見一番。

長大後的吳宓喜歡上讀書，整天沉浸在書房裡讀書無法自拔，十七歲便以第二名成績進入清華大學的前身清華學堂，又赴上海聖約翰大學讀書，促使這位與家庭相依為命的富家公子，第一次背井離鄉，到家庭以外的圈子過生活。

但是，第一次離開家庭的吳宓，沒有得到心目中所想像的自由，長期依靠家庭，讓他對現實社會感到相當陌生。他在班上總是受到欺負，朋友們的玩笑也經常當真，吳宓的宓讀音同「密」，為什麼會取這麼奇怪的名字呢？他原本叫做吳陀曼，後來念書時，同學們在黑板上把「吳陀曼」與「糊塗 man」連在一起以諧音取笑他，讓「吳陀曼」覺得很不舒服，於是一氣之下，翻了翻《康熙字典》，看到宓字有安靜、安分之意，就自己改名為吳宓了。

很難想像，一位學術大師的更名，背後的緣由竟然是被人嘲笑。畢業後赴美國留學，獲得維吉尼亞大學英文系學士學位、哈佛大學文學系碩士學位，期間發表著作無數，順利證明自己的學術天賦，許多學校聽聞吳宓華麗斐然的學歷後，都搶著聘請他，但他背後的軟脾氣依舊改不掉。

招募清華四大導師

或許是因為身子軟，吳宓在遊學期間結交非常多朋友。聽他說話是一件極為舒服的事情，吳宓很少批判，也從不罵人，說話很懂得分寸，從不逾矩，聊天內容很充實，總是眉飛色舞地說著喜歡的科目，很多著名學者都看中了吳宓的好，和他當上朋友。

一九二五年初，清華學校籌備國學研究院進入第一階段，準備確定合適的導師人選。吳宓當時才進入清華未滿一年，卻因遊學期間認識非常多朋友，關係四通八達，讓校方看上他的才能，便將重任委託給他。

國學研究院有四位教師空額，吳宓最初的預聘名單和我們現在知道的不太一樣，分別是胡適、王國維、梁啟超、章太炎；和最後的王國維、梁啟超、趙元任、陳寅恪有很大差距。

吳宓首先寄信給胡適，希望讓他跳槽，並承諾予以高規格待遇，但胡適在北大風生水起，不願離去，委婉推辭：「非一流學者不配做研究院導師，我實在不敢當，你最好去請梁任公（梁啟超）、王靜安（王國維）、章太炎三位大師，方能把研究院辦好。」

吳宓聽從胡適的建議，親赴王國維住所拜會，王國維是極為守舊之人，自稱滿清遺老，生活作風也很復古，在此之前已拒絕多所大學的應聘，明確表態只願在家中考據史學。但溫柔的吳宓卻打動了王國維的內心：

「持清華曹雲祥校長聘書，恭謁王國維先生，在廳堂向上行三鞠躬禮。王先生事後語人：『彼以為來者必係西服革履、握手對坐之少年，至是乃之不同，乃決就聘。』」

軟脾氣對形容一個人來說一直是貶義詞，而且說的往往是腰桿很軟、容易屈服的人，但吳宓卻將軟脾氣的個性玩出一股生活大智慧。王國維因為這復古的前清儀式，一時內心感動，爽快應約了。

吳宓接著去找梁啟超，梁啟超當時正因政治失意愁苦，有退出政壇的念頭，吳宓很輕鬆就說服成功。

吳宓又親赴章太炎的居所拜會，但這次沒有發揮往常功效，章太炎很討厭梁啟超，一聽到同樣名列應聘單就覺得很不開心，將聘書狠狠摔在地上，高聲喝斥起來，吳宓見狀只能默默離開。

吳宓之所以搞砸這次拜會，還有可能是另一個原因，那就是章太炎的會客室（書房）裝修得非常古怪，芥川龍之介在《中國遊記》回憶：

在章炳麟氏的書房裡，不知出於怎樣的趣味，有一隻很大的鱷魚標本爬在牆壁上。在這間堆滿書籍的書房裡，這隻不協調得有點離譜的鱷魚，令人感到沁膚刺骨的寒意……我一邊洗耳恭聽著，一邊不時抬頭望著牆壁上懸掛的那隻鱷魚，暗自思量著與中國問題風馬牛不相及的事情。

為什麼會在書房裡掛鱷魚標本？又是從哪弄來的呢？想必吳宓與芥川龍之介一樣，內心出現了千百種小劇場，以至於說話分心不流利而失敗了。

原本的四大名單缺了兩個，吳宓沒有達成校方寄予的任務，敗興而歸。好在校方很快提出解決方案，他們挑選了年輕且才華超群的語言學專家——哈佛博士趙元任出任導師，趙元任欣然同意，立即發電聘請。

吳宓見校方對哈佛大學畢業生很有好感，也不失時宜地推薦自己在哈佛讀書時認識的同學，人稱「三百年來第一人」的博學大師陳寅恪：「除陳寅恪外，無人可擔此任！」起初校方見他學歷不足，本想另圖人選，但經過吳宓、王國維和梁啟超的共同努力，校方反覆權衡後，終於同意電請陳寅恪回國就聘。

從此，清華四大導師橫空出世，雖然國學研究院僅存在四年，但他們在中國學術界開創出一股研究國學的新風氣，成就了一大批學界大師，為中國近代教育史添上濃墨重彩的一筆。而這都要歸功於吳宓四通八達的關係，以及無比軟弱的脾氣。

外文系的那段日子

國學研究院開張大吉，吳宓完成任務，回歸外文系主持教授。

說吳宓的腰桿太軟其實不算對，因為他的脊梁是直的。吳宓在教育上一板一眼，非常認真，有時甚至到了挑剔的地步。他對自己要求極嚴，據他的學生趙瑞蕻回憶：他每次上課總帶著厚書，裡面夾了很多寫得密密麻麻、端端正正的紙條，或者把紙條貼在空白處。每次上課鈴聲一響，他就走進來，非常準時。有時同學尚未到齊，他早已捧著一包書站在教室門口。

吳宓對寫漢字異常執著，無論寫日記、文章，乃至在黑板上寫字，總是嚴格要求——從不寫簡筆字，字體總是正楷，端莊方正，一絲不苟——他堅持了一輩子。他對周圍的人也很嚴格，學校附近一家菜館名為「蕭湘館」，和《紅樓夢》林黛玉的住所名稱別無二致，吳宓就憤而前去砸館；還有一次，一位新來的教師不知把教科書放哪了，吳宓知道後非常生氣，要求他上課前必須找到；晚上大家都睡了，吳宓還到這位老師的宿舍大敲其門，為了避免「糾纏」，這位教師只好騙他找到了，這才過關。

不過另一方面，教育之外的吳宓，又顯得非常儒弱可愛。學生茅于美回憶吳宓時曾這樣評價——那種治學的嚴謹與生活的散漫形成了鮮明對比。吳宓對學生非常和藹，只要學生提出合理要求，他總會真誠且盡全力幫忙，尤其對看重的學生，恨不得馬上能超越自己。當時清華最有天賦的外文系學生是錢鍾書，他的個性極為自大，很多教師都討厭他，據說聽完吳宓的課，竟嘲笑他「太笨」。但吳宓從不介意，他想在學生面前扮演溫和小綿羊，傾聽大家的心聲，和大家打成一片。

吳宓率真的個性，很常在課堂上展現出來，開設「紅樓夢研究」課程後，外系的學生經常前來旁聽，吳宓若是看見女生無處可坐，便會走下講臺，到一旁的教室搬張椅子，直到所有人都坐好才繼續開講。他對學生的憐惜之心，可見一斑。

除此之外，吳宓很常在課堂上和同學互動，清華大學有一位很漂亮的外文系學生金麗珠，點名一點到「金麗珠」便說：「這名字多美！Verv beautiful, very romantic isn't it?」之後在一片笑聲中，看著女學生的雙頰漸漸通紅。

還有一回，吳宓上課時，學生養的一條黃褐色大狗徑自跑了進來，趴在教室角落休息。吳宓看見了並沒有轟牠出去，而是走到大狗前，很和氣地對牠說：「目前我尚不能使頑石點頭，不是你該來的時候，你還是先出去吧！」那條狗竟然像聽懂吳宓的話，垂著尾巴悄悄地出去了。他的學生唐韻曾回憶吳宓的校園生活：

「有時你看到吳先生獨自呆呆地立著，嘴角浮漾著輕微的笑影，那笑，無形中由苦笑而有時竟至非哈哈大笑不可的神情，但剎那間，像在荷葉上飄過的輕風，一切終歸沉寂。他畢竟意識到自己是個學者，笑影俱散，剩下的是那儼然不可侵犯的矜持面相——那是吳宓先生。」

短短幾句詩，將吳宓既呆愣、又神態自若的奇特氣質表露無遺。

在朋友圈方面，吳宓也很單純可愛，錢鍾書的妻子楊絳說：「我對吳宓先生崇敬的同時，覺得他是一位最可欺的老師。我聽到同學說他『傻得可愛』，我只覺得他老實得可憐……他像個不設防城市，一攻就倒。」

吳宓曾和劉文典共事過一段時間，劉文典對自己的學問非常自負，說話總不在乎別人怎麼看，他不認同吳宓解讀《紅樓夢》的觀點，於是也開了紅樓夢的講座遙相對峙。對於劉文典絲毫不給面子的行為，吳宓依然予以十二萬分的尊重，劉文典叫他每個星期都去聽自己講課，吳宓就乖乖地在後排聽課。劉文典講到得意之處，往往會問一句：「雨僧兄以為如何？」吳宓便會站起來，恭恭敬敬地點頭言道：「高見甚是，高見甚是。」

低頭並非軟弱，也非無能，是一種氣度，更是一種修養。吳宓遇到困難時，選擇把目光放長遠，不計較一時成敗，海納百川，這也是吳宓人緣良好、四通八達的祕訣。

文革晚年

吳宓一生偏嗜《紅樓夢》，是中國紅學的開拓者之一，共產黨奪得天下後，學術受到政治意識形態影響，諸多學者都開始對古代經典文學著作加以批判，吳宓的學生都勸戒他不要再提倡《紅樓夢》，以免受到政治波及，但吳宓總是靈巧地轉開話題。曾有一位年輕氣盛的小夥子當面問他：「為什麼先生認為《紅樓夢》不能做為當時封建制度瀕於解體的標本加以解剖？」吳宓很生氣地回答說：「這就像解剖屍體不必拿美人的遺體解剖一樣！」

吳宓雖然腰桿子軟，但在學術方面可不糊塗，很清楚自己的熱愛，也願意為了這一切獻出性命。晚年的吳宓由於不肯批判「舊文化」，被關進牛棚受盡折磨，眼睛幾乎失明，人們嘲笑他是「吳老狗」，再也沒有人稱呼他老師，但他仍不願意向強權低頭。

有一次，吳宓在路邊的石凳上休息，忽然聽得一聲「吳老師」，他以為聽錯了，回頭一看，是一名年輕人，他問：「你叫我吳老師？」

年輕人回答：「是的，吳老師您今天上街散步？」

吳宓很久沒有聽到別人叫他老師，聽聞其詞，不禁熱淚盈眶，他從口袋掏出十元鈔票，想要送給那位年輕人，在當時幾乎是他一個月的生活費，年輕人連忙勸諫：「吳老師，我怎麼能收您的錢？」

吳宓哭著說：「小伙子，已有很多年沒人叫我吳老師了，今天你是第一個叫我老師的，我心裡感動呀！你一定要收下，否則我心裡就會不安。」遂把紙鈔強行推給這位年輕人。

那個動亂的年代裡，吳宓仍然保持單純的個性，一聲老師就足以慰藉他飽受摧殘的心靈。綜觀吳宓的一生，都用實際行動踐行自己獨特的人生智慧，常向人低頭，但從來沒有對不起良心；很容易聽取某項觀點，但內心卻始終留著一把丈量好壞的尺；他沒有留下遺書，但取得的學術成就，以及對自己所熱愛的一切的執著卻永載史冊，垂範後世。

腰桿要軟，但脊梁要直，這就是吳宓坎坷跌宕的一生。

黃金單身漢養雞記
——自得其樂的邏輯達人金岳霖

人物小檔案

金岳霖（一八九五年七月十四日～一九八四年十月十九日）中國哲學家、邏輯學家，清華大學哲學系創辦人兼系主任，將西方現代邏輯系統傳入中國的第一人，因捲入林徽因與梁思成、徐志摩等愛情糾葛而為人所知。

人們第一次聽到金岳霖的名字，大多不是因為學術成就，而是因為他與林徽因的愛情軼聞。受到影視戲劇影響，金岳霖被塑造成痴情形象，像是在燈塔下痴痴等待的傻瓜，等著契機，等著盼望，卻終究等到無可奈何的現實，最後甚至寧可孤獨終老，也不願意和其他女人結為連理。

但是，戲劇畢竟是戲劇，真實的金岳霖雖然痴，但還真的不痴情。

金岳霖的性格總是自得其樂，在他眼中，愛情不是人生的唯一目的，世界之大，有太多形形色色的玩意兒，每一個相遇的過客都值得認識，總是願意為有興趣的事物投入最大的好奇心，不屑於為了一個目標，讓自己喪失接觸其他事物的機會。金岳霖雖然終生未娶，膝下無子，但他懂得調養性情，有五花八門的興趣，填補情感上的空白，其中又以「無紅袖添香，有鬥雞做伴」最為人津津樂道。

為什麼要讀邏輯？

金岳霖在生活中是個非常好玩的人，有關他的描繪一直都很可愛。他老是衝動，因為一個念頭就養了十幾年的雞；他老是糊塗，搞丟了七十萬字的未公開著作《知識論》；他老是慢半拍，同事們都躲空襲去了，他卻在宿舍寫文章。除此之外，他還很貪玩，玩水果、玩蚱蜢，就連最擅長的邏輯學，也是誤打誤撞「玩」來的。

十二歲那年，金岳霖考進了外國教會創辦的雅禮大學，接受西式教育薰陶。在此之前的中國，還沒有人明確地提出「邏輯」這個概念，金岳霖聽完教會的邏輯課後覺得非常驚豔，跑去找國文導師，按照邏輯推理出中國俗語「金錢如糞土，朋友值千金」有問題，因為如果以這兩句話做為前提，得出邏輯結論應該是「朋友如糞土」，國文老師無言以對，一時間不知如何反駁。

長大後，金岳霖赴美國就讀政治系，雖然時常表露出對邏輯的嚮往，卻未曾想過把它當飯吃。據說，他之所以頓悟，是因為一次吵架：一天，金岳霖與外國女朋友秦麗琳 (Lilian Taylor)、好朋友張奚若[1]在大街上散步，秦麗琳和張奚若因為無關緊要的小事爭吵起來，金岳霖夾在兩人中間，左耳聽秦麗琳的斥罵，右耳聽張奚若的嘶吼，心裡覺得非常無奈，兩人說話全靠大聲，輸出全靠怒吼，毫無邏輯可言，俗話說「擇其善者而從之，其不善者而改之」。金岳霖這時恍然大悟，原來邏輯是何等重要，為了避免和他們淪為一塊，他由此引起了對邏輯的興趣。

從此之後，金岳霖一頭栽進邏輯學而無法自拔，別人看來枯燥無趣的科目，他卻抱以玩樂的心態進行學習。很多同學都問他為什麼要學邏輯學，既不如文學優美，也不像理工科可以賺大錢，執迷於這種非常耗費腦筋的科目，究竟有甚麼意義？金岳霖一概笑著回答：「我覺得它很好玩。」

金岳霖的人緣很好，學生們都稱呼他「老金」，有時他會抱著一大箱牛奶到教室，一再懇求同學說：「我一次訂太多了，這個忙諸位一定要幫。」惹得大家哭笑不得。人們以為邏輯學家都是整天悶悶不樂的形象，然而金岳霖卻是天真率直，他的痴、他的迂腐，為他塑造出一個書呆子的形象，正是他有趣的地方。

當然，金岳霖最奇怪的地方還不是個性，而是最大的愛好——養雞。

金岳霖的第一隻雞

金岳霖的第一隻雞是在廟會購買。

抗日戰爭爆發前，北京時常舉辦廟會活動，各式小吃應有盡有，古玩市場生意興隆，就像臺灣的夜市一樣，金岳霖常在放學後跑去東城的福隆寺和西北城的護國寺逛街。

有一回，金岳霖與秦麗琳因為感情問題吵架，秦麗琳氣得直接回去美國，金岳霖為此煩躁了許久，也萌生了養動物轉移心情的念頭，他忽然看到有人在賣山雞，品種是黑狼山雞，專門供人食用。金岳霖毫無食欲念頭，倒覺得牠們熠熠生輝的毛色很好看，挑了一隻回家供奉。

在金岳霖的細心呵護下，山雞享受到天上人間的待遇，每天有吃不完的食物，很快就長到驚人的九斤四兩（約五·五五公斤），但他還是不滿意。冬天要來了，家裡雖然有暖氣，寵物卻得在陽臺忍受寒風刺骨，不再胖一點怎麼行。金岳霖翻閱各類書籍，找到了「餵魚肝油」的禦寒方法。

餵食魚肝油本來是有益處的，但金岳霖卻弄得太粗暴，查到方法的當天就倒了一堆魚肝油膠囊，雞不吃，就用灌墨水筆的管子硬塞進牠們的嘴巴，也許是驚嚇過度，山雞當天晚上就與世長辭了。

幫雞接生

金岳霖的第二隻雞是一隻老母雞。

第一次嘗試失敗成為金岳霖心中隱隱作痛的心結，不久後再次買一隻母雞，牠的胃口很大，對什麼都不反感，金岳霖把魚肝油混在飼料裡，讓牠既能保持肥美，也免於被魚肝油嚇死的命運。

金岳霖花了很多時間照顧這隻母雞，牠每天下一顆蛋報答主人。金岳霖總是拿著雞蛋大搖大擺地跑到朋友前，稱這隻母雞多厲害，就好像是親生女兒考上大學一樣。可是有一次，母雞連續三天不下蛋，金岳霖以為母雞生病了，急忙打給趙元任的夫人楊步偉，請她趕緊過來，楊步偉詢問有什麼事，金岳霖卻含糊其詞。楊步偉之前當過婦產科醫生，以為金岳霖的女朋友秦麗琳懷孕了，要她幫忙打胎，於是連忙說：「犯法的事我可不做啊！」

金岳霖則故作神祕地說：「大概不犯法吧！」

趙元任夫婦趕到金岳霖的住處，他急急忙忙跑來迎接：「你們總算來了！我養的雞三天不下蛋了，你們來幫我看看牠是不是病了？」楊步偉一聽哭笑不得，原來這就是金岳霖千方百計藏匿的信息，她也不得不佩服老金的小心機，畢竟，要是拜託這位東京女子醫學專門學校的高材生幫一隻雞接生，她肯定是不會過來的。

楊步偉到庭院查看，那隻圓滾滾的母雞蜷縮在角落處，胖到站不起來，楊步偉不由得驚嘆道：「你到底給這隻雞吃了什麼東西啊？」

「我們每天餵牠吃魚肝油……」金岳霖有點心虛地說。

「雞和人一樣，油膩的東西吃太多就會胖，所以有顆蛋下不出來。」楊步偉將手伸入雞的屁股裡面，一掏就出來了。金岳霖讚嘆不已，事後為感謝趙元任夫婦出手相救，金岳霖特地請他們去烤鴨店吃烤鴨。

雲南大鬥雞

金岳霖的第三隻雞是隻雲南大鬥雞。

盧溝橋事變後，國民政府往西南地區撤退，由於戰爭來得實在太快，金岳霖來不及把老母雞帶走，就被迫跟著大部隊走了。到了雲南昆明後，林徽因看他心情很不好，半開玩笑地送他一隻雲南大鬥雞做伴，老金以前一直喜歡林徽因，受到她的鼓舞而自信心大增，重新振作了。

西南聯大的單身宿舍地方狹小，沒有空地養雞，金岳霖就把鬥雞寄放在女生宿舍裡，經常跑過來照料，幾個宿舍的女孩故意挑逗說：「金岳霖可不是來看我們的，是來看他的大公雞。」老金就憨笑：「嘿嘿，都看，都看！」防空警報來了，大家都往防空洞裡躲，只有金岳霖往女學生宿舍衝，他要保護大公雞呀！金岳霖的一舉一動都成為當時同學們掛在嘴上的話題，為困苦的西南聯大時期添上幾分歡樂。

綜觀所有養過的雞，這隻雲南大鬥雞和金岳霖關係最好，可以和他在同一張桌子吃飯，還允許這隻雞將脖子伸上來，與老金一起共享佳餚。金岳霖喜歡帶大公雞外出散步，如果途中看見青春男女挽著小手，金岳霖就會對著鬥雞說：「無紅袖添香，有鬥雞做伴！」

在雲南昆明的這段期間，各方學術大佬們正拚了命地保存中華文化，陳寅恪為了把論文完成，弄壞了自己的眼睛；梅貽琦為了支撐西南聯大，養成了嚴重的酒癮。而金岳霖呢？他像是局外人一樣，好像什麼事都沒有發生，每天依然活得輕鬆自在，像個童心未泯的老頑童，他曾有這麼幾段軼聞：

一、鬥蟋蟀

金岳霖喜歡鬥蟋蟀，就錢耕森回憶：「他家裡園子的地上擺了不少盆的蟋蟀，屋內的窗臺上、桌上和地下也擺了許多盆的蟋蟀，總計不下數十盆吧！」金岳霖到處找人比賽，要是比賽輸了，就把剛從市場買來的梨子或石榴送給別人。

二、針扎火腿

老金長年單身，難免要自己處理家務，他常在放學後出沒於昆明的各大市場，拿著一根長鐵針，扎進一隻火腿，再取出來聞味道。有一次，金岳霖扎了太多次，把火腿都扎成篩子了，惹得店員很生氣：「難道我們的火腿都不好嗎？」老金悠悠地說道：「因為真好聞，我都想吃了，所以願意多聞聞。」

三、忘了我是誰

做為一位邏輯學專家，「我是誰？我從哪裡來？到哪裡去？」這樣的經典哲學問題肯定是會有的，這本是沒有正解的問題，老金卻想靠邏輯學找出答案，硬生生地將這個問題研究到走火入魔，最後連自己的名字都忘了，他曾對冰心[2]自嘲道：

「有一次我出門訪友，到人家門口按了鈴，這家的女工出來開門，問我『貴姓』。我忽然忘了自己『貴姓』了。我說請妳等一會兒，我去問司機同志我『貴姓』，弄得那位女工張著嘴半天說不出話來！」

四、非常專注的後果

金岳霖寫作時非常專注，防空警報響起時，所有人都往城外跑，只有他還在宿舍奮發圖強；回過神後，警報早就解除了，附近的房屋也早就不見了，他手裡還拿著筆，渾身塵土地站在廢墟，「生命介乎無幸而免之間」，不知道剛剛發生了什麼事。

女神生病了

金岳霖的雲南大鬥雞因為獨自跑去挑逗地方人家的家畜，被農民一棍子打死了，與雞同食的美好佳話就此落幕。痛失摯愛的金岳霖無法悲傷太久，因為禍不單行，他更心愛的林徽因重病倒下，正等著他去照顧。

林徽因的身體不好，大部分人生都是在病床上度過，人生病時最為脆弱，也最渴望被照顧，身邊有個願意陪伴的人，身體自然好得更快。金岳霖知道林徽因是有夫之婦，不願破壞他們的婚姻，但依然關心林徽因，他從微薄的薪水裡拿出一部分，到市集買來十幾隻老母雞，這次養雞不再是為了娛樂，而是為了讓林徽因補充營養。「他常站在院中盯著活蹦亂跳的雞群，久久不願離去，有時則發出朗朗的笑聲，或是彎腰不停地餵雞。」雞生病了，金岳霖就把整瓣大蒜塞進雞嘴裡，儘管牠們吞的時候總是伸長了脖子，眼睛瞪得老大，看起來很可憐，但正是老金熟練的養雞經驗，讓雞群很快就成熟長大了。

那時候林徽因的先生梁思成[3]工作繁忙，無暇處理其他事務，金岳霖就不時跑來照顧林徽因，他的自制力極佳，每次把熱氣騰騰的雞湯小心翼翼端到床榻前放好，問候幾句就關門出去了，從不會趁機深談，避免兩人的感情重新糾纏。

老金的人生哲學

抗戰結束後，金岳霖搬回北京居住，他沒有停止養雞和鬥蟋蟀的習慣，據他的學生所說，他把自己在這幾年存下來的錢，全部拿去買一隻非常昂貴的洋種公雞，「體格健壯，色彩斑斕，精神抖擻，不時還邊嘓嘓地啼着，邊拍打著雙腿，擺著一副好鬥的架勢，令人煞是喜歡多看牠一眼呢！」也不知道後來是否又被打死就是了。

晚年的金岳霖體弱多病，常赴醫院就診，已經沒有體力養雞，但仍在寂寞中保持赤子的童心，每星期必去菜市場買幾顆蘋果，指明要最大的，還要拿小筆記本記下分量；回家後，金岳霖從不拿來吃，而是把大蘋果擺在桌上，自己坐在椅子上，心滿意足地觀賞它們的曼妙姿態，據他的姪外孫女閔珊華回憶：「這些大號水果，他自己捨不得吃，也捨不得送人……我小時候向他要大梨，他總是摸摸這個，拿拿那個，又看看我，要好幾分鐘時間，才能把一個『探花』、『榜眼』之類的梨賞給我，至於『狀元』，那可休想得到。」

金岳霖的一生看起來迷迷糊糊，胸無城府，實則是一種高端處世哲學，因為迷糊，他可以遠離是非；也因為迷糊，他可以對生活不較真，結不結婚，事實上只是人生的一種選擇罷了，對他而言，結婚或許和養雞如出一轍，只是一種調解人生的生活方式，若是可愛的公雞、調皮的蟋蟀能帶給我快樂，為什麼還得千方百計追求戀愛呢？

不結婚，不代表他不熱愛生活，我們過於重視金岳霖在愛情上的缺憾美，卻始終沒有發現他身上誠可貴的，其實是擁抱生活的態度。

---

1 中國政治家，中華人民共和國第二任教育部部長。
2 中國現代女作家。
3 中國建築史學家、建築師、程式規劃師、教育家。

臺灣史上最偉大的胖子
——貪吃的臺大校長傅斯年

人物小檔案

傅斯年（一八九六年三月二十六日～一九五〇年十二月二十日）
著名歷史學家、五四運動學生領袖、中央研究院歷史語言研究所創辦者。曾任北京大學代理校長、臺灣大學校長，有「傅大砲」、「大胖子」等別稱。

曾有調查顯示，現在大眾最愛聽到的讚美不是「你愈來愈好看」，而是「你又瘦了」。的確，最近大眾流行的審美觀，好像愈來愈傾向瘦了，對外形的審美愈來愈苛刻，光有輪廓不行，還得外加健康的肌肉，纖細的軀體才有美感。不禁想起了沈從文寫過的一句話：「某月某日，見一大胖女人從橋上過，心中十分難過。」也不知道他是說胖女人難過，還是他看得很難過。

這篇要講的人物也是一個胖子，而且還是個大胖子。這位身材圓融的中年人，總是身穿一席灰黑色西裝，眼神格外地凶狠，在臺北寬廣的椰林大道橫行其間，享受學生們半敬畏、半好奇的眼光，別人向他打招呼，總是愛理不理。說話呢？不上幾句就別過頭繼續閒晃，偶爾走到一半，他的表情便會沉下來，感覺好像忘記什麼東西一樣，低著頭東翻西找，最終從口袋裡掏出一把菸斗，拿起火柴棒劃起一縷烏煙，隨後操著一口濃厚的山東話叫罵：「又是受潮菸！」

他不是路邊的樵夫，正是國立臺灣大學的第四任校長，胡適最為得意的弟子——傅斯年。

最絢麗的開場

我們聽歷史故事時，最不耐煩的就是讀人物的前半生生平，因為大多離不開求學、讀書、家庭背景，都是些千篇一律的小事情，而且劇情平鋪直述，很少起伏，也很少有吸引人的地方。

但是傅斯年就不然了。

早在二十歲，傅斯年就是出名的學生領袖，不只天生帶有迷人的領袖魅力，而且智商還極為嚇人，被同學敬稱為「孔子以後第一人」。聽胡適上課時，興致一來就故意找碴，舉手問些很刁鑽的問題，胡適答不出來時，傅斯年便莞爾一笑，說出早已準備好的答案，享受著同學們敬佩的眼神，以及胡適尷尬又不失禮貌的苦笑。

不過在關鍵時刻，傅斯年仍會表現出該有的尊重，有一次因為某些緣故，學生們打算聯合排擠胡適，正當計畫如火如荼地準備實行時，傅斯年聽到了，他親自出面化解紛爭，使整件事情得以平息，事後傅斯年故意不讓胡適知道此事，裝作沒事發生一樣，一如既往地在課堂上飾演找碴的角色。

各位讀者在經歷校園生活時有沒有注意過一種現象，就是每間學校幾乎都有風雲人物，每次他們出場，總會造成不少轟動。每當下課時，都會有一群學生像是準備好一樣，帶著笑容走去他的座位聊天，此時那名同學顯得不急不徐，口條有理，偶爾帶一點幽默，三番兩下便讓對話者折服拜倒在他的風采下；每當他走在路上時，左旁右側總黏著幾位好友「護駕」，一方面不讓別人隨便親近他，一方面不讓他無聊；每當他離開教室時，總有一群同學們圍成一群，討論他的輿論，就好像討論電影明星們的八卦。傅斯年的大學生活就是這樣，雖然他的面貌不怎麼出眾，但倚靠絕佳的頭腦與口才，仍在同學們的擁戴與嘉勉下名氣外揚，成為北京大學無人不知的風雲人物。

不過，如果以為傅斯年的開場就只是這樣，那可就錯了，精彩的還在後頭。熟悉中國近代史的人都知道，二十世紀初是風雲際會的時刻，近乎於恥辱的《二十一條》要求，激起了學生們對近百年不平等條約的不滿，西方思想對中國的薰陶影響，又使學生意識到守舊政府與清廷並無差異。在天時、地利、人和下，民眾對政府的作為愈來愈無法接受，憤怒在心中積累膨脹，就像是一罐被搖晃已久的汽水瓶一樣，只差一位轉瓶蓋的人就引爆了。

轉瓶蓋的正是傅斯年。

傅斯年沒有沉醉在大學生活中，沒有將國家大事置身事外，他毅然扛起改變國家命運的重責大任，連署號召學生站出來，擔任五四運動的總指揮。

五四運動的興衰

如果說新文化運動的領袖、五四運動的精神領袖是胡適、陳獨秀，五四學生運動真正的指揮官就是傅斯年。

當年，傅斯年是何等的威風凜凜，聯合北京十三所學校的學生代表，在天安門舉行聲勢浩大的示威活動，現場旗海飛揚，處處都是熱血青年的歡呼聲，走在最前面的是傅斯年，他親自擔任遊行總指揮，左膀右臂扛著兩面巨大的五色旗，嚴肅地走入會場演講。

成為五四運動的學生領袖，是傅斯年年輕時做過最大件的事情，一輩子的資本，足可載入史冊。

然而，事情卻走向了不同的局面，傅斯年本意是要推行「有紀律的抗議」，以和平遊行而非暴力革命的方式改造國家，但他沒想到，青年的熱血一旦被點燃，沒有予以該有的規範克制，這把火將會愈燒愈旺，最後變成一片火海，殃及所有人。一九一九年五月四日，學生們入侵政府官員曹汝霖[1]的宅邸，將章宗祥[2]打得鼻青臉腫，一時間慷慨激昂，好似殺紅了眼般，把宅邸洗劫一空後，一把火燒成灰燼。

由於政治教育等影響，我們現今讀到的歷史教材，都側面給予「火燒趙家樓」正面評價，但課本說這是對的，不代表事實上就是正確，至少對某些人來說是錯誤的，傅斯年聽聞此事很後悔，嘆然說：「五四已經從有規劃的運動變成毫無秩序的暴動。」他向北京大學評議會建議把學校遷到上海避風頭，且開除掉部分思想激進的師生，但校方為了避免引起更大反彈，沒有聽取他的建議。

傅斯年最終選擇退出，最後一次學生遊行時，傅斯年一如往常地走上臺，正當臺下的學生們屏息以待，以為傅斯年會發表什麼大快人心、熱血沸騰的革命演說時，傅斯年卻痛斥了五四當日的暴力行為，並宣稱五四運動已經走向極端，他要終結這場鬧劇。臺下的學生簡直不敢相信，有幾位激進青年無法接受事實，走上前來，對著傅斯年就是一拳，把眼鏡都打飛了。傅斯年也不遑多讓，把對方踢倒，然後跳上其背一陣亂拳。

就在一片雞飛狗跳的混亂中，傅斯年草率辭去五四運動領導者的身分。他外形身圓體胖，怎麼看也不是打架的料，卻喜歡吹噓自己的能耐。有一次羅家倫忍不住問他這種體型如何打架，傅斯年答道：

「我的體積乘以速度，產生出一種偉大的動量，這種動量可以壓倒一切。」

貪吃的胖子

離開五四運動後，傅斯年似乎有意離開中國的政治漩渦，考取公費留學前往歐洲各地大學。七年之後，也就是一九二六年，蔣介石北伐勝利，中國的混亂局面終於暫時告一段落，傅斯年便興沖沖地回來了，受聘為中山大學教授，繼承恩師胡適的衣缽，成為名震一時的歷史學家。

要說名震一時，其實不算對，也不算錯，因為在中山大學期間，傅斯年的名氣不在教書，而是他的食量。

傅斯年的貪吃是出了名的，後世流傳關於肥胖的趣事也很多，我們舉三個例子：

一、合體三明治

有一次，傅斯年看見助理和另一位同事正在吃東西，於是走了過去，一隻手搶過助理的麵包，一隻手奪走另一人的滷肉，「麵包夾肉，正是好吃的三明治。」他邊吃邊說，笑著離開了。

二、晚餐獎勵

傅斯年在教育方面的獎勵機制很「特別」，偶爾心情好時，會從口袋裡掏出幾塊錢，請功課進步的學生們吃晚餐。一餐下來，他吃的花費往往比同學多上許多。

三、體育場的魷魚羹

還有一次，傅斯年從體育場回到辦公室後對助理說：「糟了，我剛才在體育場的魷魚攤子吃了一碗魷魚羹，把菸斗丟在那裡了。」助理想幫他拿回來，正準備起身走向大門，傅斯年將他擋下來，決定親自跑一趟；於是在取菸斗時，又吃了一碗魷魚羹。

如果讀者有興趣，可以上網查查看本書介紹的學者樣貌，大多身材瘦弱、體態輕盈，偶爾有幾張不令人滿意，但要論肥胖，還差得很遠。然而傅斯年就不一樣了，他就是名副其實的大胖子，在一眾學者面前總是「脫穎而出」，學生與老師們很喜歡拿他的體重開玩笑，俞大維叫他「傅胖子」，學生叫他「大胖子」，羅家倫叫他「傅大胖子」，總而言之，他的綽號總與「胖子」脫不了關係。

憤怒的胖子

傅斯年長得胖，脾氣也十分暴躁，羅家倫說他「像蟋蟀一樣，被人一引就鼓起翅膀來」。

一次雨天過後，他在路上閒晃，忽然一輛汽車飛馳而過，濺起一地泥水，他閃避不及，被潑灑了整身，嚇得踉蹌倒退，手一鬆，試卷掉了，雨傘也被風吹跑了；回過神後，傅斯年非常氣憤，當即回頭罵道：「王八蛋！看我槍斃你！」不過那輛車早已走遠，傅斯年只好向地上吐一口痰，踉蹌地走開了。

返回途中，他邊走邊想，愈想愈生氣：「坐汽車的就該槍斃，聽起來多麼合乎道理。」隔日竟然把「坐車槍斃說」寫成了一篇文章，公開發表在北大學生自辦的《新潮》雜誌上，他在文章裡一再重複那句話：「坐汽車的人都該槍斃。」

傅斯年曾和清末秀才孔庚在報紙上發生爭吵，兩人隔空對罵，最後孔庚說不過別人，暴怒之下狠狠地問候傅斯年的祖宗十八代，傅斯年也不悅了，拍案而起，忿然說道：「你侮辱我，我要和你決鬥！」後來，傅斯年真堵在孔庚家門口，要和他打架，但一看已經七十多歲的孔庚身體瘦弱，別說打了，要他站穩走來門口都有問題，於是傅斯年甩了甩手說道：「你這樣老，這樣瘦，不和你決鬥了，讓你罵了就罵了吧！」

不留情面的傅大砲

九一八事變後，傅斯年乘坐火車撤往後方。在國家動盪之際，傅斯年山東人的豪邁個性表露無遺，一邊指責國民政府的不抵抗行為，一邊駁斥日本學者的「滿蒙在歷史上不是中國領土」的言論，許多主和的官僚都成了筆下炮灰，傅斯年由此獲得「傅大炮」的稱呼。

也許聽膩了阿諛奉承的話，看膩了唯唯諾諾之態，蔣介石很賞識傅斯年，對他不但沒有惱怒，反而欣賞有加，一心要拉入門下做事，將他任命為監督政府的國民參政員。然而傅斯年出任當官後，第一件事就是和蔣介石對幹，他把炮口對準當時權傾朝野的行政院長孔祥熙[3]，毫不留情地揭露他的貪汙行徑，要求他滾下臺。孔祥熙是什麼人？是蔣介石的政治夥伴兼連襟，是他的心腹啊！蔣介石原本以為讓傅斯年當官，他便會站在自己這邊，為他說話，但傅斯年哪是這種為錢權低頭的人，上帝給他一雙嘴皮子，他要罵誰就罵誰。

剛罵退行政院長孔祥熙，傅斯年又揪住趕來接任的宋子文[4]，在報紙上展開猛烈的砲火攻勢，找到機會就是一頓臭罵，宋子文不久後也被迫辭職，步上孔祥熙的後塵。

傅斯年這種說幹就幹的性格，有很大的原因來自五四運動，幾乎所有的民國文人都參與了這場浩浩蕩蕩的改革，但把革命精神堅持到最後的只有傅斯年一人。

身為後人的我們難免會感嘆，好在傅斯年在火燒趙家樓後就離開五四運動，後期的五四運動等同於各方政治勢力的角力場，隨著內部本身的變調，以及共產主義的加入，這場運動最後顯得十分龍蛇雜混，最初的革命精神早就不見了，但在運動走向高潮之際離開的傅斯年，卻因此保留了五四運動的實質精神，他像是五四運動的化身，身上流著純真的革命之血，沒有政治顧忌、沒有勢力妥協，屬於典型的反抗派，「必不容反對者有討論之餘地」。

回到正題，雖然傅斯年不給蔣介石面子，但蔣介石對他仍舊十分欣賞，一心想保護他免受其他政客欺負。傅斯年畢竟是相對傳統的讀書人，善於內省且富有感性情緒，儘管瘋狂叫罵政府的不好，卻始終感念蔣介石的知遇之恩，沒有投向當時的其他政治力量。或許說，他就像魏徵一樣，嘴巴狠毒，但內心是一片忠心呀！

日本宣布投降那天，傅斯年狂歡得像瘋了一樣，從家裡拎了一瓶酒，到街上大喝，還拿了一根手杖，挑了一頂帽子，到街上亂舞。他見人就擁抱、親吻，見到熟人就上去揍一拳。一路跑到參政會，在那裡又蹦又跳，也不管帽子和拐杖丟了，就是要胡鬧，最後實在累得受不了才回去睡覺，一直睡到第二天下午還沒有醒來。

不過，傅斯年的快樂沒有持續很久，二戰剛結束，內戰又接踵而至。他對同胞相殘毫無熱情，日漸消愁，一九四八年底，國民政府節節敗退時，傅斯年與胡適共度在南京的最後跨年夜，明天過後，他們就要往南撤退，也不知道這次離開，還能不能再回來。

這天晚上，胡適從地窖搬來幾瓶廉價烈酒，啵地一聲打開，這是他自十七歲發誓戒酒以後第一次破戒，而對飲的人正是傅斯年。兩人舉杯喝了起來，喝得酩酊大醉，在香菸的雲霧中談笑，在微熱的燈火中陶醉，兩人高談闊論國事，愈講情緒愈激動，最後抱在一起痛哭，一同吟起陶淵明的那首〈擬古〉：

種桑長江邊，三年望當採。枝條始欲茂，忽值山河改……

傅斯年既不願意投奔中共，也不願意跟著腐敗的國民黨做事，只能整日寄情於酒，藉由酒精麻痺自我、逃避時局窘迫的無力感，他的酒量愈來愈大，大到幾乎不會喝醉了。國破家亡，山河仍在，痛苦在傅斯年的良知中打轉，蔓延到身體的每一個區塊，那時的傅斯年，隨身攜帶大量安眠藥，以便隨時自殺，是他一生中最不願提起的灰暗時期。

一九四九年，國民政府已經敗得一塌糊塗，東北、華北、華中、華南四塊地區皆已喪失，西南腹地岌岌可危，學者們又到了必須做出政治抉擇的時刻，要留在故鄉，還是撤往臺灣？據官方統計，諸多學者都認為國民政府已經完蛋了，跟著他得不到好處，願意去臺灣的學者大概不到兩成，傅斯年的好朋友們大多選擇留在大陸。

傅斯年是重感情而輕政治的人物，雖然叫罵國民政府不好，卻終究無法拋棄政府的知遇之恩，於是隨行去了臺灣，擔任臺灣大學的校長。

成為臺大校長

傅斯年在臺大只當了兩年校長，雖然時間很短，但故事卻是最多的，他可是出了名的愛護學生。傅斯年堅持自由主義的立場，拒絕政治入侵校園，保持思想獨立和學術自由，避免學生被政治洗腦。還是大學生的李敖回憶，傅斯年常到陽明山找蔣介石理論大學事宜，從容蹺起二郎腿，抽著菸斗，一副「捨命陪你來臺灣，看你敢不敢對我不好」的樣子。

當時的臺大教師龍蛇雜混，幾乎是拼湊出來的，傅斯年不知道他們的學識到底如何，只能先納入門下，之後再個別考核，怎麼個考核法呢？傅斯年會不定時在校園巡視，或者悄悄進入課堂進行突擊檢查，名義上雖說是監督學生秩序，但局內人都明白，傅斯年是監督老師，如果被他發現講得太差，隔天桌上就會擺著解雇書。正是這種兢兢業業，確保了臺大的教學質量。

一九四九年四月六日，臺灣北部的知識分子聯合起來，發起提高公費待遇的「反饑餓鬥爭」，史稱「四六學潮」，結果引發政府當局大規模逮捕學生。傅斯年雖然反對學生進行學運，但仍第一時間跳出來保護學生，警告軍警不得暴力取締。生活在臺灣的我們都知道，二〇一四年太陽花學運時，有學生拿傅斯年校長的一句話製作成標語，成為此次學運的名言：「我有一個請求，你今天晚上驅離學生時，不能流血，若有學生流血，我要跟你拚命！」去除這場學運的政治評價，僅以一位史學者的身分來看，傅斯年的親民形象真不是蓋的，歷數臺灣七十年間各個大學校長，大多成為歷史塵埃，真正被記得的人物少之又少，然而傅斯年竟能永遠活在學生心中，成為一場運動中的守護神，不得不令人佩服。

傅斯年晚年的生活態度相當儉樸，幾乎沒有和朋友打交道的欲望了，但他仍好學不已，整天待在辦公室裡看書，靠薪水過活。據他的夫人回憶，傅斯年腦中全是「書本、書本、工作、工作」。唯一能讓傅斯年離開書桌的玩意，只能是菸了。

他來臺灣來得太急，什麼東西都弄丟了，所剩的只有幾件西裝，以及那標誌性的特大號黑色菸斗，做為為數不多的家鄉回憶，傅斯年對這個菸斗格外有情感，即使已經破舊不堪也捨不得丟掉。但因買不起菸斗用的菸絲（菸斗幾乎都是有錢人在使用，菸絲因此比較貴），只好去市場買一些劣質的受潮紙菸，把紙和濾嘴拆掉，剩下的菸草攪拌成一坨，塞在菸斗裡濫竽充數。想像一下，萬籟俱寂的夜晚，做完公務後的傅斯年起身伸伸懶腰，將一根火柴劃破陽臺，伴隨著黴臭味與菸香味的此起彼伏，他將雙眼放空，享受著得來不易的片刻寧靜，多麼詩情畫意的場景。

有趣的是，通常一個民國人物在晚年時，應是經歷了大風大浪，練就泰山崩於前而色不變，麋鹿興於左而目不瞬的冷眼性格了，但傅斯年還真不是一般人。一九五〇年，臺灣發生一起震驚社會的「十三號水門命案」，這是一起年輕男女殉情事件，由於女子的遺書寫得很好，優美文采讓人一掬同情之淚。傅斯年看早報時，不小心撇見了，就像中毒般無法自拔，從頭看到尾，又來回讀了幾遍，最後忍不住哭得唏哩嘩啦，覺得這分愛情實在驚天地、泣鬼神，太偉大了，不但打電話免費幫家屬親題輓聯，隔天甚至召集校內所有教育人員開會，提議將這名女孩葬在臺大校園立碑紀念，雖然後來在各方勸解下，傅斯年打消念頭，但卻可以從中看到他感性的一面。

傅斯年之死

傅斯年雖然沒有什麼物欲，但食欲卻是無人能比，來到物產豐饒的臺灣後，整天大魚大肉、山珍海味，特別喜愛暴飲暴食，直到身體不適才意識到吃得太多，雖然有幾次試圖減肥，但最終還是泯然作罷。

晚年的傅斯年罹患糖尿病與高血壓，醫生叮囑他不能吃太鹹和太油膩的食物。平時每餐只能吃一碗白飯，配一片木瓜或西瓜，老婆不給他零用錢，避免到處亂吃，不過有道是「生命會自己找尋出路」，明的不行，暗的未嘗不可。傅斯年總有方法解決填不飽的肚子，有時是順手夾走祕書便當的菜，有時是伸進妻子或孩子的碗裡解饞。每到出去開會或有接洽事宜，傅斯年就會好好把握機會，繞到附近攤館裡，買上一堆山東煎餅或肉包，與同事們大吃一頓。

雖然傅斯年的死因，有很大因素歸咎於他的貪吃，但死法卻令人感動萬分。一九五〇年十二月，這是傅斯年來臺後度過的第一個冬天，當時寒流襲臺、氣溫驟降，夜裡異常寒冷，但傅斯年仍在書桌前趕稿。他的棉褲在撤退時弄丟了，昨晚本來想去買，但卻遇到一位家境貧困的學生繳不出學費，他心軟就資助了學生一筆錢，心想著反正又不是沒褲子，忍耐幾天西裝褲的凍，再去買一條冬褲。

第二天，傅斯年感到有些頭疼，仍一如往常地穿著單薄的西裝參加議會的會議，答覆關於臺灣大學的教育問題。報告的最後，他在臺上情緒激動，雙手振呼：「我對有才能、有智力的窮學生，絕對要扶植他們。」隨即因腦溢血暈倒在地上不省人事，雖經搶救仍不幸逝世，一代大師，撒手人寰。

傅斯年的歷史評價

傅斯年只當了兩年的臺灣大學校長就去世了，但他對教育的影響之大，不亞於臺大的任何一位校長。論傅斯年一生中最大的堅持，除了飯吃十分飽之外，就是保障學生能在戰亂中保持學術獨立，奉自由之精神為主旨，這樣的風氣不僅浸染了臺大，也浸染了整個臺灣，使學術在風雨飄搖之際，仍保持了一定的自主精神，曾經有人評價傅斯年是「臺灣史上最偉大的胖子」，這乃是對他一生的最好詮釋。

---

1 清末民初的中國政治家。

2 中華民國政治人物。

3 孔子第七十五代孫，中華民國南京國民政府行政院長兼財政部長。

4 曾任國民政府財政部長、中央銀行總裁、行政院長、中國銀行董事長、最高經濟委員會主席、外交部長、駐美國特使、廣東省政府主席、中國國民黨中央執行委員會常務委員。

〈背影〉沒告訴你的事

——朱自清與父親的八點檔家庭抗爭

人物小檔案

朱自清（一八九八年十一月二十二日～一九四八年八月十二日）
近代著名詩人、散文家、學者，著作合輯為《朱自清全集》。曾任北京清華大學中國文學系教授、系主任。

朱自清的〈背影〉一直是大家耳熟能詳的散文作品，這篇敘述父愛的文章在一九二五年發布後，隨即在文壇引起熱烈回響，許多人看完後大為感嘆朱自清的文筆，竟能將父親對子女的愛表達得深刻細膩，尤其是父親肥胖的身材翻越月臺的情景，更是令人為之動容。

朱自清與父親在文章之外的關係究竟如何呢？其實一直很緊張，父親是迂腐的舊時代文人，朱自清卻是新派的北大青年，兩人價值觀不同，大半輩子都在拗脾氣中度過，就連〈背影〉的創作背景，其實也和父子雙方的挑唇料嘴密不可分。

朱爸爸的嚴厲教育

要說朱自清與父親的關係，就必須從他的出生開始說起。朱家一直以來都是書香門第，祖上的人物幾乎都是考取功名的讀書人，就連朱自清的爸爸——朱鴻鈞也不例外，他是徐州當地的榷運局長，領著公務員的薪水工作，什麼是榷運？「榷」的意思是專賣，而「運」代表運送，榷運局長就是政府所設掌管鹽專賣專運的地方官員，白話講就是「菸酒公賣局長」。

雖然局長聽起來很大，但朱家的親戚都是達官顯要，政治地位比他高的人多得是，在他們眼中，當上局長顯然不是一件了不起的事情。朱鴻鈞是家族中最不起眼的一位，對仕途不順的自卑，使朱鴻鈞種下了心結——他一定要勝過別人，即便自己贏不了，也得讓兒子比過。

朱自清便是在這種背景下誕生，朱鴻鈞對他的要求一直很嚴格，簡直將他當作考試機器，父親喜歡文言文，便不准朱自清寫白話文；父親喜歡老學堂，便不讓朱自清接受新式教育。朱自清從小就不敢違抗父親的話，精神壓力遠比一般人承受得大。放學回來，父親總要檢查朱自清的作文，命令他拉張小板凳，一邊喝著權運局的酒，一邊低吟朱自清的作文，如果看到文章所評不好、字句被刪改太多，朱鴻鈞就訓斥兒子，動輒打罵，有一次甚至將作業丟到火爐燒掉，對年幼的朱自清造成的衝擊可想而知。

考得好怕下次退步，考不好又怕挨揍，朱自清的童年生活就是在戰戰兢兢的環境下度過。但換個角度想，或許正是這種教育風格，保障了朱自清持續接受教育的機會，從而培養出無與倫比的學習能力。十八歲那年，朱自清順利考入北京大學，光宗耀祖。

不過，與朱自清的耀眼光芒相比，當時的朱鴻鈞卻陷入泥潭般的事業糾紛。那年，朱家發生了一場驚天動地的變動，從此改變他們的歷史進程，這場變動在〈背影〉也有所著墨：

祖母死了，父親的差使也交卸了，正是禍不單行的日子！

朱自清沒有講到的是，祖母為什麼會去世，父親為什麼會丟了工作，好像是刻意隱瞞些什麼事情，草草將它一筆帶過。

其實這幾句話的背後，暗藏著八點檔式的家庭糾紛。

都是姨太太的錯

朱鴻鈞的私生活一直有很大的毛病，對孩子嚴格，對婚姻也十分迂腐，他從小接受舊式教育，是帶有酸楚味的舊式文人，直到民國成立後，也堅決不做那時代的一分子。

《中華民國臨時約法》曾明文規定一夫一妻制，但朱鴻鈞仍嚮往舊時代的生活，擁有原配周氏、潘姓姨太太，在外地工作時，還偷偷續娶了一房姨太太，並與多位女子來往聯繫。

民國時期續娶姨太太並不是一件稀罕的事，只要低調一點，沒有人會管，像康有為就有五位姨太太。不過事情壞就壞在朱鴻鈞續娶姨太太時沒有告訴家人，此事傳到揚州老家，惹得空守閨房已久的潘姓姨太太發怒，跑到朱鴻鈞的辦公處大吵大鬧，這件事被當地媒體《醒徐日報》披露後，影響愈發嚴重，朱鴻鈞很快就被革職查辦了。

朱鴻鈞失業後，朱家一時間沒了經濟來源，為了化解龐大的家庭支出，只好將姨太太們盡數打發。此時的朱鴻鈞可謂是本末倒置，不但沒有姨太太享樂，自己也落得一身欠債。事情傳到朱自清七十一歲的祖母耳裡，老人家一時氣急攻心，竟被活活氣死了，這便是朱自清筆下「祖母死了」的真正原因。

朱自清與祖母關係極好，對於祖母的去世，他始終沒有辦法接受。當年的朱自清，已然不是過去唯唯諾諾、深怕被父親懲罰的懦弱少年了，他邁入叛逆期，獨立和自我意識日益增強，迫切希望擺脫家庭壓迫；除此之外，他也很清楚，若不是父親固陋守舊、花天酒地的個性，無災無病的祖母肯定不會那麼快過世。

辦完喪事後，朱家已是債臺高築、阮囊羞澀，為了供應朱自清繼續讀書，父親只好到南京尋找工作。那一天，正是朱自清返校的日子，父子同行一段路後，至浦口車站分手，當時朱自清還是對父親感到不滿，〈背影〉是朱自清時隔八年的回憶之作，他的心底恐怕沒有放下苛責，在〈毀滅〉一文中曾大膽披露朱家的家庭問題：

在我煩憂著就將降臨的敗家的凶慘，和一年來骨肉間的仇視，互以血眼相看著的時候，在我為兩肩上的人生的擔子，壓到不能喘氣，又眼見我的收穫渺渺如遠處的雲煙的時候……我的故鄉在記憶裡的，雖然有些模糊了，但它的輪廓我還是透熟的。

朱自清在大學期間和父親一直沒有什麼聯絡，後世遺留下來的書信也寥寥無幾。在〈背影〉中，父親在離別前曾送給朱自清一件紫皮大衣，我們不知道的是，當時朱自清根本沒把父親的禮物放在心上，甚至在畢業那年就把紫皮大衣典當掉了：

在畢業的那年，到琉璃廠華洋書莊去，看見新版《韋伯斯特大字典》，定價才十四元。可是十四元並不容易找。想來想去，只好硬了心腸將結婚時候父親給做的一件紫毛水獺領大氅親手拿著，走到後門一家當舖裡去，說當十四元錢。櫃上人似乎沒有什麼留難就答應了。

將大衣交給當舖時，朱自清「也躊躇了一下，卻終於捨不得那本字典」，在知識與親情的取捨間，即便有一絲猶豫，仍迅速選擇了汲取知識，很難想像，究竟父親對他造成了多大的打擊，才會使多愁善感的朱自清，將手邊唯一足以思念的家鄉物品拿去販賣；或者朱自清在北大期間從未思念家鄉，才會輕易地將紫色大衣賣出去，我們不得而知，只知紫色大衣從此消失在朱自清的世界。

更深一層的傷口

朱自清從北京大學畢業後，因成績優異，被杭州第一師範學校選中成為導師。而在南京找工作的父親，找了兩、三年，仍沒有尋得一份正經工作。朱自清與父親的情感雖然尚未破冰，但為了資助父親，每個月仍會將一半的工資寄到家中，不過父親卻大有鳩占鵲巢之勢，將這些錢視為理所當然，甚至曾勸諫朱自清不要再當導師這種「清貧的職業」，換句話說就是表示：他覺得拿到的錢太少了。

一九二一年，朱自清的妻子武鍾謙再次懷孕生子，所謂僧多粥少，家庭要供養的人太多，金錢來源卻只有朱自清一人承擔，他不得不用拆東牆補西牆的方式，勉強應付家庭負擔。不過父親在此時顯得很不團結，因為收到的錢愈來愈少，居然大發脾氣，利用自己與校長的私交，直接讓學校把朱自清的當月工資全數送到家裡供他使用。朱自清賺的錢，無法自己花，好不容易組成的小家庭，一下陷入沒有收入的局面。

讓朱自清無法接受的事遠不僅如此，朱鴻鈞常趁他在外工作時，欺負他的妻子武鍾謙，不是擺臉色給她看，就是一頓破口大罵。武鍾謙原本是個非常開朗的女孩，朱自清很喜歡看她笑——想到這些，我心上總是溫暖的——但經過朱鴻鈞的冷嘲熱諷，她的笑容愈來愈少。夫妻分隔兩地時，武鍾謙常抱怨想回娘家，但朱自清都以為她在鬧彆扭。

直到一次返家，心細如髮的朱自清看到武鍾謙面有苦色才察覺不對，詢問之下終於知道事情的來龍去脈，他一不做，二不休，帶著妻兒離開故鄉，不再和父親有一點接觸，就是在這時，朱家父子關係徹底跌落谷底。朱自清當月奮筆疾書，寫下長篇大論〈父母的責任〉，抨擊中國舊式家庭的種種弊端：

依我們的標準看，在目下的社會裡——特別注重中國的社會裡，幾乎沒有負責任的父母！或者說，父母幾乎沒有責任！

雖然沒有指名道姓，指向卻是明確的。後續幾年，朱自清幾乎未與父親聯絡過，便就是散文〈背影〉開頭「我與父親不相見已二年餘了」的真實背景。曾有一次，朱自清想回家探親，主動緩和與父親的矛盾，朱鴻鈞卻連門都不讓他進去，親戚放他進門後，父親連一聲招呼都沒有。朱自清在老家待了短短幾天，就快快地離開了。

〈背影〉的誕生

父子倆從一九二三年至一九二五年，足足分開兩年有餘，也許是因為分開，讓彼此有好好冷靜思考的機會，他們開始反思自己過往的種種不對，雙方的感情不再像之前劍靶弩張。縱使觀念不同，畢竟還是父子；縱使有再大的仇怨，也會隨著時間的洗鍊而慢慢淡化。

一九二五年，朱鴻鈞已是接近花甲之年的老年人，由於前半生奔波忙碌，他的身體狀況已大不如前，出現各種大大小小的疑難雜症。人生到了最後的歲月，也是該總結自己一生的時候了，朱鴻鈞為晚年安詳而感到歡喜之餘，心裡難免會為家庭的不和樂感到惋惜，他思念著朱自清，後悔前半生的種種武斷，影響到兒女的生活。

朱鴻鈞最終選擇放下長年樹立的自尊，提筆給在清華教書的朱自清一封家書。信的內容很簡單，只有短短幾句話：

我身體平安，惟膀子疼痛厲害，舉箸提筆，諸多不便，大約大去之期不遠矣。

朱鴻鈞還是那位剛毅木訥的嚴父，文內沒有驚濤駭浪的情感，也無細水長流的思念，表面看來，簡直是再尋常不過的絮叨，不過這已經是朱鴻鈞的一大步了。昔日專恆武斷的他，今日竟選擇主動先向朱自清示好，並在信中流露出「示弱」的氣息，在朱自清的印象中是從未發生過的事。

記憶是很微妙的東西，能在時間與氛圍不同的情況下，呈現出不同的反應。在憤恨之下，回憶的東西全是不好的；在思念之下，回憶的東西全是情治豐滿的。朱自清雖然和父親決裂數年，心裡其實也有捨不得的一面，當父親的書信擺在案頭時，朱自清的淚珠不禁在眼眶打轉──「在晶瑩的淚光中，又看見那肥胖的青布棉袍、黑布馬褂的背影。」他和父親的積怨，竟在這一瞬間土崩瓦解了。

以往回憶起父親，朱自清滿是怨言，可經歷了兩年的沉默後，他驀然回首，痛苦的記憶已然全部退去，所剩的是父親全然的愛與關懷。那一天晚上，朱自清翻來覆去，就是睡不著覺，少時的種種回憶湧上心頭，模糊的面孔開始清晰。他遂將記憶中與父親在火車站送別的情景，用飽含深情的手法寫成了〈背影〉。在文章中，朱自清不僅對父親多年的荒唐行為隻字未提，也一筆帶過持續兩年的失和，他將大量筆墨用在親情交流之上，並在文章的最後一段，表露出對於再次相見的渴望：

唉！我不知何時再能與他相見！

不久，朱自清以《背影》為題的散文集順利出版，書稿被寄到父親的住所，朱鴻鈞行動不便，吃力地將椅子挪到窗前，戴上老花鏡，一字一句地誦讀兒子的文章。據朱自清三弟朱國華回憶：

「只見他的手不住地顫抖，昏黃的眼珠，好像猛然放射光彩。」

朱鴻鈞對兒子朱自清曾傾注了最多的心血，朱自清成長的路上，也離不開父親的引導，即使雙方有各自的小缺點，卻始終是打斷骨頭連著筋的家人，當父親看完散文後的那一刻，這對經歷大半輩子相愛相殺的父子，最終解開了彼此的心結，重拾父子舊情。

還有什麼事情，比家庭和樂更重要呢？

第三章

一九〇〇年代以後

1900

深情一生，偏偏用錯了情

——沈從文風雨波折的師生戀

人物小檔案

沈從文（一九〇二年十二月二十八日～一九八八年五月十日）中國現代著名文學家、小說家。上海中國公學、輔仁大學、北京大學文科講師。著有《邊城》、《長河》等小說，文風純樸雅淨、唯美浪漫，有「最後一個浪漫派」之稱。

今天回顧整個民國大陸時期的歷史，看的不僅是它的風起雲湧，還有小橋流水的一面。

人們懷念民國時期的愛情，是對自由生活的嚮往，對轟烈愛情的謳歌，細數歷朝歷代的愛情故事，從來沒有像民國時期的大風大浪，人們在大時代的背景下輾轉騁懷，湧現出大量令人羨慕、令人感傷的愛情故事，使我們在千百年後重新拾起回憶時，仍舊會被當時人們對愛的單純與執著，不顧一切地全然付出，棖觸得激動闔闔。

民國文壇的愛情史，相處最相濡以沫的是陳寅恪和唐篔[1]，相處最柔情密意的是錢鍾書和楊絳[2]，相處最驚天動地的是沈從文和張兆和[3]。

沈從文的愛情比任何人都來得困難，也比任何人都來得傳奇，男女兩方大不相同，可謂是完全沒有共通性。沈從文是大學教授，張兆和卻是學生；沈從文出身農家，張兆和卻來自安徽四大家族；沈從文只有國小畢業，張兆和卻是當代少有的女性高材生；沈從文身材瘦小、容貌平平，張兆和卻姿容俊秀，氣質過人。

素昧平生的男女，本該只是各自人生的過客，沈從文卻倚靠極強烈的決心，將張兆和順利追到手。背後的智慧與執著，值得我們一探究竟。

鄉巴佬逆襲錄

沈從文是鄉下人，身上流淌著土家族、苗族和漢族的血液，從小在湘西的偏遠鄉村長大，沒有受過多少正規教育，歷數中國作家，學歷像沈從文一樣低的估計沒幾個。陳寅恪好歹讀到了國中，沈從文卻連國中學歷都沒有。

二十一歲那年，沈從文迷上寫作，不顧自己氣候尚未成熟，在家人們的反對下搭上前往北京的火車，據他的朋友回憶，沈從文沒有帶多少家產，攜帶的盤纏甚至不夠讓他搭火車回家，在前門車站下車後，沈從文將右腳用力一跺，大聲地說：「北平，我是來征服你的！」

不知是勇氣的驅使，還是命運的注定，沈從文很快就出頭了。他發表小說，和同伴們創辦雜誌，在文化學究眾多的老北京，硬是開出了一條活路。一九二九年，經詩人徐志摩介紹，沈從文應胡適邀約來到吳淞中國公學任教（公學今指貴族學校，專門讓有錢人就讀，但可別誤會了，中國公學表面上稱為「公學」，其實是不折不扣的國立大學）。

以小學畢業的學歷被聘為大學教授，乃是歷史上前所未有的奇事。對沈從文個人而言，進大學教書不只完成了長久以來的夢想，也讓他學習到許多平時學不到的事情——例如演講。

生性靦腆的沈從文，第一堂課就鬧出了笑話。面對下方「黑壓壓的片人頭」，一時間緊張得不知所措，呆愣在講臺上十分鐘之久。當沈從文手足無措時，他發現臺下坐著一位氣質出眾的女學生，她就是張兆和。沈從文的目光與她相對時，心頭不禁為之一顫，好像陷入一種不真實的飄渺感中，那張吞吞吐吐的嘴巴，此時更發不出聲音來了。

直到稍微回神後，沈從文才顫抖抖地開口教課，但因為緊張，說話說得太快，忽略了很多重點，只用十分鐘就把一堂課要講的內容說完了。沈從文看了看時鐘，還剩下四十多分鐘，他再次陷入無話可說的困境，最終只得拿起粉筆，在黑板上寫道：「我第一次上課，見你們人多，怕了。」同學們面面相覷，都被這位新來的老師逗笑了。

下課後，沈從文漲紅著臉，趕緊收拾課本返回辦公室，善解人意的校長胡適知道出事情了，安慰沈從文說：「學生不轟你，這就是成功。」但即使如此，他還是知道自己搞砸了，回憶起課堂上種種的丟臉片段，沈從文感到很不好意思，花了許久時間才恢復平靜。但當他回想到那名氣質與眾不同的女同學時，內心又再次不能止息，雖然對到眼的時間只有短短幾秒，沈從文卻始終無法忘記張兆和的清純，他悄悄在心裡空下了一席位子，留給這位一見鍾情的人。

情書轟炸王

講述愛情的開端前，先簡單了解張兆和的為人。

姓名：張兆和

職位：中國公學預科學生，全體在校男生公認的校花。

個性：清純聰明，溫室裡的幽蘭。

愛好：讀書，運動，取綽號。

說起張兆和家，祖上可是大名鼎鼎的晚清總督張樹聲，雖然到這代已經大不如前，但整體還是相當富裕。張兆和十八歲進入中國公學就讀，由於長得婷婷玉立，又是運動會女子全能冠軍，很多人都偷偷戀著她，她的姊妹都戲稱張兆和的追求者們為「青蛙一號」、「青蛙二號」、「青蛙三號」……

第一次喜歡上人的沈從文，不知道如何展開一場戀愛。照我們現今的尋常規則來說，戀愛的開頭無非是先拉近關係，等到雙方到達如影隨形的地步再進行告白。但沈從文顯得魯莽直接，他不想用這一套，打算跳過第一步，直接告白去。

原本沈從文是下足決心，打算趁著下課鼓起勇氣向張兆和表白愛意，但一看到她就什麼都說不出來，回到家的沈從文極為頭疼，想了一想，還是決定用最擅長的專業——寫文章。他買來信紙，將內心的真實想法全都寫上去；第二天一大早起來，趁著教室還沒有人時偷偷放在她的書桌。

沈從文的第一行直接開門見山：「我不知道為什麼忽然愛上了妳。」

張兆和收到信件後沒有很在乎，也絲毫沒有想和沈從文走近的意思，她認為沈從文就是鄉下來的土包子，連小學學歷都沒拿到，對她來說完全沒有吸引力，所以把這件事當作不存在一樣，朋友們開玩笑說沈從文是「癩蛤蟆十三號」，連青蛙都不配。

沈從文還是不放棄，在這位初生之犢眼中，張兆和的拒絕不叫拒絕，而是對他的一種考驗，倘若能持續發揮愛情的執著，總有一天一定能感動她。沈從文對張兆和繼續發起情書攻勢，每天早上張兆和的書桌都會擺放著一封情書，盼著她打開。

沈從文的書信雖多，質量卻從不失水準，每句話拆開來看，都各有各的好：

「在青山綠水之間，我想牽著妳的手，走過這座橋，橋上是綠葉紅花，橋下是流水人家，橋的那頭是青絲，橋的這頭是白髮。」

「別人對我無意中念到妳的名字，我心就抖顫，身就沁汗！並不當到別人，只在那有星子的夜裡，我才敢低低地喊叫妳的名字。」

「倘若妳的眼睛真是這樣冷，在妳鑑照下，有個人的心會結成冰。」

「我就這樣一面看水一面想妳。」

「如果我愛妳是妳的不幸，妳這不幸就同我的生命一樣長久。」

是不是很美？是不是很有意境？文學作家很有意思的一點就在這裡，他能把「我愛你」這三個字化作唯美的句子，讓柔弱而感性的詞句，悄悄地深入到每個人的內心。當年沈從文追求張兆和的時候情書多達幾百封，這樣的片段比比皆是。（題外話：沈從文的情書享譽全校，曾有學生拜託他代寫情書，他也不拒絕。）

我很頑固地不愛他

沈從文的情書感動自己，感動了旁人，卻唯獨沒有感動張兆和。情書一封封寄了出去，張兆和卻始終保持沉默，從她的角度來看，沈從文的舉動是煩人的，她成為班上閒話家常的對象，同學間烘托出一些流言蜚語，鬧得她無法專心學習。我們可以想像，大學教授每天下課後都把你叫住，雙手捧給你一封厚實的白信，羞澀地囑咐一定要看完，你環顧四周，只見同學們注視著你們，這是多麼尷尬且丟人的一件事情。

沈從文不是輕易就會放棄的男人，一名從偏遠鄉村一路拚搏進入大學的文學強人，想得到的成果，無論是多麼困難都阻攔不了他，更何況是男歡女愛呢？他把張兆和的沉默當作動力，更加勤快地寫著情書。

張兆和被逼得沒辦法，摟著一大疊沈從文寫給她的情書，找上胡適校長抱怨，但胡適非常欣賞沈從文，不但沒有生氣，反而勸道：「他是中國最有潛力的作家，妳不吃虧！」

「不愛就是不愛，誰勸都不管用！」

「他非常頑固地愛妳。」

「我很頑固地不愛他。」

張兆和有獨特的愛情視野，在她眼中，愛情不是一樁買賣，更不是可以衡量的物品；愛情是純粹的，即使對方再有才、再誠摯，沒有打動她的心，即使可以讓她過上好日子，她也不會開心。

張兆和知道沈從文從第一眼就愛上她，而張兆和也同時明白，她從第一眼就知道沈從文無法進入自己的心。胡適隨後寫給沈從文一封信，上面說：「這個女子不能了解你，更不能了解你的愛，你錯用情了……千萬要掙扎，不要讓一個小女子誇口說曾碎了沈從文的心。」但沈從文注定已經無法掙扎出這段愛情。

沈從文沉醉在愛情的失望中無法自拔，數次在夜裡敞懷痛哭，他放不下這份不完美，即使轉至國立青島大學任教時，仍頑固地繼續馬拉松式的情書轟炸，他也許知道永遠無法追到張兆和，但他不願接受。沈從文寫給朋友的信中道：

「三年來因為一個女子，把我變到懶惰不可救藥，什麼事都做不好，什麼事都不想做。人家要我等十年，一句話，我就預備等十年。有什麼辦法，一個鄉下人看這樣事是永遠看不清楚的！或者是我的錯了，或者是她的錯了，只是這日子明是一種可笑的錯誤，但鄉下人的我，明知是錯誤，也仍然把日子打發走了。」

看來，沈從文已經情緒低靡到無法自拔，而就在他最難過的時候，奇蹟悄悄地發生了。

張兆和的家人居然邀請他來家中作客！

好運來了

張兆和雖然討厭沈從文，但沈從文的一舉一動她都看在眼裡，經過三次春夏秋冬輪轉，沈從文從強硬到軟弱，又從軟弱到祈求，到最後的書信，已經是卑微得不能再卑微了，張兆和再冷酷無情，也不禁起了同情之心，在日記寫下：「我雖不覺得他可愛，但是也可憐、可敬的了。」「他這幾年，又何嘗不是比我苦惱千倍百倍呢？」

就在這個峰迴路轉的時刻，沈從文時來運轉了。張家人很早就知道沈從文的名號，知道沈從文喜歡張兆和後，主動邀請他來家裡作客，沈從文拿到書信的那刻簡直不敢置信，努力了這麼久，終於有進展了！

他立即寫信到張家，詢問家人們是不是同意婚事。他在信裡寫道：「如爸爸同意，就早點讓我知道，讓我這個鄉下人喝杯甜酒吧！」張家傳來的電報很乾脆，是張兆和親自打的：「鄉下人喝杯甜酒吧！」

事情翻轉得如此迅速，沈從文感覺像是作夢一樣，他的不懈努力最終得到了回報。一九三三年九月九日，沈從文和張兆和在北平中央公園宣布結婚，兩人終於成為夫妻。

要是時間停留在這一刻，沈從文就是世界上最幸福的男人了，對未來抱持期望，對人生充滿自信，只是結婚遠遠不如戀愛簡單，可不是幾封情書就能解決的。

浪漫崩解，現實浮現

沈從文在結婚之後，仍為張兆和撰寫濃情密意的情書，在他的書信裡，我們可以知道他仍然將張兆和當作女神一般供奉，兩人度過了一段濃情蜜意的小日子。

但是，所謂「婚姻是浪漫崩解的開始」，當激情退去時，他們的矛盾愈來愈多。沈從文為人比較不著邊際，喜歡買一些昂貴物品，有人向他借錢也從不拒絕；而張兆和務實許多，自從結婚後，主動脫去女神光環，換上主婦圍裙，總為家計著想，為沈從文毫無節制的揮霍發愁。

沈從文不適應瑣碎的婚姻生活，他愛張兆和，便想永無止境地寵溺她，帶她去買亮麗的高跟鞋，到昂貴的理髮廳美容，但他沒有條件供奉女神，他想要的東西太多，讓每一件事情都做不好。張兆和曾對沈從文說：

「不許你逼我穿高跟鞋、燙頭髮了，不許你因怕我把一雙手弄粗糙為理由而不叫我洗衣服、做事了，吃的東西無所謂好壞，穿的、用的無所謂講究不講究，能夠活下去已是造化。」

兩人的關係因為現實而變得愈來愈遠，美好的童話正一點點地幻滅。沈從文猶豫了，他愛張兆和，但不想永遠固守一份沒有回報的愛情。在某個午後，他認識了剛出道的年輕女作家高青子，兩人從此保持往來，相較於張兆和的冰冷，火熱的高青子更能觸動沈從文的內心，當她知道沈從文已經結婚後，就把沈從文的著作全部讀過一遍，每當一起出外散步時，就穿著筆下女主角的服飾，用女主角的口吻表達對沈從文的好感，沈從文經不起誘惑，也吐露出了嚮往。

聰明的張兆和很快就知道此事，一氣之下回娘家去。沈從文大夢初醒，急忙反悔，每天寫一封信向妻子道歉，但張兆和無動於衷，他們的婚姻從一開始就是如履薄冰，張兆和不曾抱有任何幻想，但沒想到先堅持不住的竟不是自己，而是沈從文。

屋漏偏逢連夜雨，兩人分居的同時，八年抗戰爆發了，沈從文在政府的指示下準備撤往昆明，出走前夕，想帶張兆和一起走，但她堅持不走，要和孩子一起留在北京。

八年抗戰期間，沈從文一方面面對國家民族的存亡，一方面面對家庭分隔的無奈，他不知道什麼時候才能回到家鄉，也不知道張兆和是否還活著，壓力囤積在他的心裡無法釋放，讓他的精神狀態接近崩潰。沈從文發現最終還是愛著張兆和，但不再是那種猛烈的情，而是深沉的意。

沈從文在抗戰結束後，第一件事就是去找張兆和，當他發現一家妻小都還活著，一時間淚流滿面，哭得說不出話來。兩人又同居了一段時間，但很快又因為價值觀不同再度分居。

傳奇愛情的落幕

蹉跎了那麼多歲月，沈從文終於知道自己永遠不能給她幸福，更知道自己不可能得到她的愛，沈從文依舊寫信，不過已不在乎她是否會閱讀，只是像一開始追求她那樣自言自語地寫，希望有一天能讓她明白自己的一片赤誠。同時，沈從文的情書不再甜言蜜語，增添了許多愁苦：「小媽媽，妳不用來信，我可有可無，凡事都這樣，生命不過如此，妳與我早已游離。」

沈從文的書信一直持續到被政治「下放[4]」的前夕，那天，張兆和的姊姊跑來探望他，沈從文一個人坐在床上，「從鼓鼓囊囊的口袋中掏出一封皺巴巴的信，又像哭又像笑地對我說：『三姐（張兆和）的第一封信，第一封。』他把信舉起來，面色十分羞澀而溫柔……接著就哭起來，快七十歲的老頭兒哭得像個小孩子一樣，又傷心又快樂。」

從此之後，沈從文便與張兆和完全斷了聯繫。一九八八年五月十日，沈從文心臟病復發，在孤寂和無限的眷戀中與世長辭，享年八十六歲，一段傳奇愛情就此畫上句點。

美麗的愛情故事有時以童話開頭，卻不是都擁有童話般的結尾。要說沈從文不愛張兆和嗎？他愛極了，愛得捨不得放手，哪怕知道不會有結果，依然想得到她的一切。沈從文生前創作了眾多愛情文學作品，這些作品幾乎無一例外地充滿悲情，不是男主角一去不返，就是女主角孤獨終老，有人說沈從文有三個之最——最好的語言，最純真的情感，最遺憾的結局。這不只評價了沈從文的文章，更是沈從文坎坷人生的最佳寫照。

我一輩子走過許多地方的路
行過許多地方的橋
看過許多次數的雲
喝過許多種類的酒
卻只愛過一個正當美好年齡的人

——沈從文《致張兆和情書》

---

1 陳寅恪的夫人。
2 錢鍾書的夫人，中國女作家、文學翻譯家。
3 沈從文的夫人，中國現代女作家。
4 上山下鄉運動，中華人民共和國歷史上的一場政治運動，發生在一九五〇年代至一九七八年。

在民國當學生的感覺如何？

——書蟲錢鍾書的大學生活

人物小檔案

錢鍾書（一九一〇年十一月二十一日～一九九八年十二月十九日）中國現代作家、文學研究家。熟知多種外文，提倡科學地揚棄傳統文化，選擇性借鑑外來文化，對文學創作走向現代化有重大的啟示意義，求學期間曾是校內風雲人物。

中國近代學術風氣最好的時期是一九二〇年代至三〇年代，那時整體來講是最自由的，前一堂課是提倡儒家禮樂的老學究，下一堂課卻來了個留著西式八字鬍的英文導師。做為教育階層的導師們各自有著不同的學習經歷，卻同樣飽含對國家的一腔熱血。學生們則在這種多元化的環境之下，獲得更多思考機會，由此確保了教育事業的迅速發展。

讀到此處，我們可能好奇了，歷史故事普遍不乏導師們的生活狀態，但以學生為視角的史料卻非常稀少，在民國時期當一位學生的滋味是如何呢？

超級偏科生

關於錢鍾書有很多可以說的故事，有人說他狂，也有人說他痴，但無可否認的是，他確實是當時清華大學裡資質最優秀的一位同學。他的個性很古怪，雖然長了一張白淨淨的面孔，卻老愛抬槓，不熟悉他品性的人難免覺得他不懂人情，施蟄存[1]就曾這樣評價錢鍾書：「他學問是好的，嘴巴臭！他狂妄的很呀！講人家都是挖苦人的……你看他的《圍城》好了，都是刻毒話，他批評人批評得厲害。」

一九一〇年十一月二十一日，錢鍾書出生在江蘇一個延續千年的富貴家族，同一時期的科學家錢學森、學者錢穆都出自這一家族。周歲時，錢家為家中長子舉辦了抓周，因為他一下抓中一本書，於是家裡人便給他取名鍾書。

其實不管錢鍾書抓到什麼，出生在這麼一個教育世家，讀書肯定是少不了的事情。錢鍾書幼承家學，在父親的直接指導下博讀群書，進入學校後，念的小學、中學都是當地一流的名校。上學時吸收英語，放學後跟著父親念古文。

一九二九年，錢鍾書參加清華大學考試，旋即名震校園。原因是發榜時，錢鍾書的成績寫著三行醒目的大字：

國文：滿分通過

英文：滿分通過

數學：十五分

錢鍾書的國學與英文程度是綜所皆知的高，數學卻是全然擺爛，他和父親都認為數學是無關緊要的學科，想要讀外文系，為什麼要算數學呢？但他們不知道的是，按照清華大學的招生規定，只要有一門考試成績不及格就不予錄取，這位心高氣傲的年輕才子，一時間陷入無法進入大學的窘境。

其實，清大校方也很猶豫，那年的國文和英文考試很難，能及格就很不錯了，錢鍾書的數學差歸差，卻是拿取兩科滿分的學生。當時的校長是羅家倫，他看著錢鍾書的考卷，不禁回憶起過往，想當初他考取清華時，國文拿了滿分，數學也是零鴨蛋，但校方還是寬宏地將他錄取了。羅家倫如今已是清華大學校長，他選擇承接容納特殊才能學生的優良傳統，力排眾議將錢鍾書錄取了。

新竹清華大學至今仍保持接收偏科學生的傳統，臺灣近幾年風生水起的特殊選才，就是在清華大學的策劃下一手推動。我考取清華時，數學也拿了零分，但同樣靠著文史成果順利進入，頗有戚戚之感。

圖書館裡當書蟲

進入清華的錢鍾書，沒有讓校長失望，不僅國學和英語水準令同學甘拜下風，而且常常在考試中奪得第一。與此同時，讓人稱奇的是，錢鍾書入學後的第一個目標就是「橫掃清華圖書館」，要讀盡清華藏書。

清華藏書之富在當時已名列世界前茅，圖書館書庫有幾十萬冊之多，中外古今圖書無不應有盡有，若是能讀完十分之一，就可以媲美教授了。但錢鍾書非得把所有書讀完，他自喻是一隻東方蠹魚（衣魚），要在此處暢飲飽餐。整日徘徊在圖書館，將精微深奧的著作一本本地吃進腦海，「此中樂趣，不可形容，恐怕只有饑鼠入太倉之樂彷彿似之」。

錢鍾書有一個怪癖，就是看書時喜歡用又黑又粗的鉛筆畫下佳句，又在書旁加上評語，即便不是自己的書，也一概如此。因此在清華豐富的藏書裡，畫線和評語大多出自他的手筆。讀者如果有時間一訪北京清華，可以到他們的圖書館隨便挑選幾本老舊的繁體書籍，也許就能看見錢鍾書的真跡。

錢鍾書的夫人楊絳曾在《我們仨》回憶，錢鍾書幾乎把所有的假期用來讀書，以至於「在清華待了四年，連玉泉山、八大處都沒有去過」。錢鍾書犧牲了四年可以盡情玩樂、放飛自我的生活，換取了知識上的迅速成長，那時的清華大學，沒有人不知道錢鍾書的名號，大家都知道他學識淵博——哪怕只與他交談過一次的人，都會對他學問的廣博嘆為觀止。

與同學和導師的互動

在校園生活中，與同學間的互動肯定難以避免，但錢鍾書的互動方式未免太特立獨行。當時清華大學的藏書篩選機制沒有很好，很多與色情、暴力有關的書都會流進圖書館，人們都知道錢鍾書愛讀書，一些單身已久的男同學常畏畏縮縮地走到錢鍾書旁邊，請他推薦幾本英文黃書，錢鍾書也不推辭，隨手撕下一張紙，飛快地寫滿正反兩面。曾有人特地數過，那片小紙條竟記錄了四十幾本英文黃書的書名，連作者姓氏都寫上了。

錢鍾書學識之廣博，不只讓同學們為之嘆服，連導師在教授學生時都要捏把冷汗。擅長吹牛的老師趙萬里平時總喜歡炫耀學術能力，惹得錢鍾書很不以為然，暗中想讓他出糗。有一次上課，趙萬里談到一本著作時自傲地說：「不是吹牛，這個版本只有我看過。」這可給了錢鍾書大好機會，他馬上舉手，不顧情面地指出這個版本他不僅看過一次，而且還引用書籍內容，指出了趙萬里的一些錯誤，弄得他尷尬不已。從此之後，清華大學的教授們養成一個潛規則，就是錢鍾書在場的課堂上，盡量不要講教科書以外的知識，免得一不小心說漏了哪些地方，又迎來一頓糾正。

相較於其他老師對於錢同學的「恐懼」，交誼大師吳宓就顯得十分特別了。吳宓雖曾多次領教錢鍾書的糾正功夫，卻沒有因此不待見他，反而對這名學生產生濃厚興趣，常常在課後主動跑到錢鍾書的座位旁，傾著腦袋，謙恭地問：「Mr. Qian 的意見怎麼樣？」錢鍾書的應對方式總是保持一貫：先揚後抑，不屑一顧。

吳宓的氣度很大，對這位略顯自負的年輕人從不生氣，曾多次在師生面前誇讚錢鍾書：「自古人才難得，出類拔萃、卓爾不群的人才尤其不易得。當今文史方面的傑出人才，在老一輩中要推陳寅恪，在年輕一輩中要推錢鍾書。」不過，吳宓的這番話並沒有讓錢鍾書喜歡上他，吳宓結婚時，錢鍾書還冷不防嘴上一句「Superannuated coquette.（過時的豔麗）」，諷刺他和三十二歲的大齡女子戀愛。

那麼，錢鍾書孤傲一生，到底有沒有尊敬的導師呢？

答案是有，不過是外語系最懶散的葉公超教授。他教書死板，一上課就抽點學生朗讀原文，下課後一溜煙就跑了，如果有人發問，他只會斷喝一聲「查字典去」，被他教過的學生很少給予正面評價，比如季羨林在日記寫「我以為老葉不上班，他卻上了，我沒去，不知放了些什麼屁。」—「老葉請假，不亦樂乎。」—不過，錢鍾書對葉公超的教學方式予以高度認同，在他眼中，大學教授在課堂上的講解之詞都屬於個人偏見，唯有老葉不講自我觀點，只按照課本念，這才是最好的教學方式。為了頌揚老葉，錢鍾書還為他寫過短篇人物誌，足見其仰慕之情[2]。

錢鍾書的衣著很有個性，身穿青布大褂，腳踩一雙毛布底鞋，戴一副老式眼鏡，在那個中山裝與西服流行的年代，錢鍾書遠遠看起來就像個六十歲的老頭子。不過，錢鍾書不是只會尊孔愛儒的學究，他和我們印象中的舊式文人不太一樣，多了幾分叛逆不羈的韻味。他只在下課時讀書，上課從不專心，總愛邊聽課邊看課外書或畫圖，老師正在吟誦莎士比亞的文學著作時，錢鍾書卻從書包拿出毛筆，公然在課堂上進行塗鴉創作。據傳錢鍾書的觀察力極為豐富，可以將別人的眼神以很細膩的方式畫下來，他有個叫許振德的同學，偷偷暗戀班上一名女同學，課堂中時常忍不住去看她，沒想到螳螂捕蟬，黃雀在後，錢鍾書本來上課就不聽講，許同學看女生，錢鍾書就看許同學，他把許振德的眼神變化都畫了下來，題為《許眼變化圖》，還沒下課就把畫傳遞給其他同學，一時在班上傳為笑談。

美好的大學初戀

人們都說大學是認識愛情的好地方，不談戀愛會是很大的遺憾，人生也不完整。民國初年，男女同學互相吸引，談情說愛這類事可不像今日那麼複雜，像是未熟的蘋果，青澀中帶有甜潤，甜潤中帶有心動，雙方不含任何雜念，只是純純地喜歡對方，精神上的親近永遠最美好。

做為校園的風雲人物，錢鍾書在大三那年迎來了春天。

錢鍾書向來不把同學放在眼裡，在學校總是自顧自地說著自己的見解，直到第一次和二十一歲的女同學楊絳見面，竟一時間被她的氣質震懾，不知道該說些什麼，腦袋亂晃了幾圈，最後吞吞吐吐說了一句：「我沒有訂婚。」楊絳也很緊張地回答：「我也沒有男朋友。」兩人在還沒有了解愛情運作方式的情況下，便開始了男女朋友的關係。兩人起初不敢與對方直接說話，只好魚雁往返，一天一封，後來便互相邀請對方散步，偶爾牽起小手。

錢鍾書不知道如何和異性處理感情的事，他喜歡楊絳，便時刻想引起她的注意。

有一天錢鍾書和楊絳在教室午睡，錢鍾書起來後，楊絳仍趴在課桌上，他覺得特別好笑，於是拿起筆在楊絳的臉上畫小動物，但他剛剛落筆，楊絳就醒了，一睜眼抓個正著。楊絳起來後嬌羞地生氣，跑去廁所洗臉，把自己的臉都搓紅了，嚇得錢鍾書很長一段時間不敢靠近。

但是，錢鍾書沒有因此放棄惡作劇，之後他又畫了一幅「鬼臉楊絳」，並在上面畫了鬍子和眼睛，暗中悄悄觀察楊絳拿到之後的反應，自己一個人偷偷樂著。

你沒資格當我老師

大學讀書的四年期間，錢鍾書找到了一生摯愛，也收穫了完善的文學觀念。當時中國正處於軍閥混戰，北洋軍閥裡實力最強的三位大佬人稱「北洋三傑」，分別是「北洋之龍」王士珍、「北洋之虎」段祺瑞和「北洋之狗」馮國璋。而清華大學以這個稱號為基礎，將校內最有名的三位同學冠之以龍、虎、狗的稱號，錢鍾書的學術能力最強，所以「清華之龍」的外號輕輕鬆鬆地落在了他的座席上。

錢鍾書風頭強勁，頗有「氣吞山河，志在無疆」之氣勢，他誰都看不起，認為同學只是兩隻腳行走的哺乳類，教授的學術能力都比自己低。一九三三年，錢鍾書即將從清華外文系畢業，校長馮友蘭欣喜地告訴他：「不用考試，不用面試，我們知道錢同學的實力，破格錄取您攻讀西洋文學研究所。」聽聞此番言詞，錢鍾書完全沒有一絲喜悅，冷冰冰地拒絕校長，並狂妄地說：「整個清華，沒有一個教授有資格充當錢某人的導師！」

就這樣，時年二十五歲的錢鍾書拒絕了清華大學的好意，乘著對未來無限的憧憬，和妻子楊絳一起到英國留學。

至於錢鍾書之後的故事呢？這名天賦異稟，卻個性不佳的清華大才子，在未來究竟能否成為一位文學大師呢？容許我暫時賣個關子，留到下一篇再講。

---

1 中國現代派作家、文學翻譯家、學者，華東師範大學中文系教授。

2 近來網路上有謠傳錢鍾書曾揚言葉公超「太懶」之言論，純屬後人偽造。

有沒有看過文學界的神仙打架

——為貓兒互懟的錢鍾書與林徽因

人物小檔案

林徽因（一九〇四年六月十日～一九五五年四月一日）

原名林徽音，中國著名建築師和詩人，中華人民共和國國徽的設計者。當代少見的傑出女性知識分子，因豐富的感情史為後人所津津樂道。

閱讀徐志摩的生平歷程時，總會一方面讚嘆他的文采，一方面又厭惡他對張幼儀[1]的漠不關心。我在高中時期，周遭坐了幾名愛好文學的女同學，一日不小心瞥見她們的國文課本，〈再別康橋〉的徐志摩頭像竟被畫了個大叉叉，並寫上「渣男」二字，憤恨之情表露無遺。

隨著時間物換星移，我們的視野不再只局限於徐志摩一人，其實只要稍作了解就會發現，感情需要的是兩情相悅，不是一瞬間心動就可以海枯石爛地愛到底，總要有些回饋、有些刺激。讓徐志摩開啟潘朵拉盒子的人，就是秀外慧中、多才多藝的林徽因。

林徽因是當年少見的女性高知識分子，曾留學國外，深得東、西方藝術之真諦，而且相貌非常漂亮，有大家閨秀的氣質，在當時簡直就是女神般的存在，吸引眾多男性拜倒在她的石榴裙下。

眾星捧月的林徽因，很快就蒐集到一票工具人，其中以徐志摩、梁思成、金岳霖三位男人最為著名。林徽因最早和徐志摩談戀愛，得知他有妻子後和梁思成交往，但又捨不得放下徐志摩，三個人的感情變得十分糾結；後來林徽因又找上金岳霖，讓原本的關係亂上加亂。

很多人對林徽因的評價並不好，魯迅曾譏諷她是一個「百般糾結」的女人；冰心在〈我們太太的客廳〉說出對林徽因的蔑視和不滿。就連前一篇講的錢鍾書，也和林徽因爆發過很多衝突。

花花兒

林徽因和錢鍾書，一個學建築學，一個學語文學，看似天差地別，怎麼會扯上關係呢？其實，他們倆的深仇大恨，一開始只是因為一件無關緊要的「小貓膩」。

錢鍾書遊學英國後，在中國各地遊走，順帶當了幾所大學的教授。一九四九年後，這名桀驁不馴的校友，終於返回多年未見的母校，被委派為外文系教授。正是此時，錢鍾書結識了建築系的林徽因，由於教授宿舍距離不遠，兩人平時很常見面，所以一開始關係不錯。

當時大學教書的課程單調，錢鍾書很快就對冗長的言詞、重複的課程感到無聊，課餘之暇養了隻白色的小花貓，取名為「花花兒」。雖然是隻野貓，但不僅毫無野性且十分聽話，還知道家人吃飯時不能跳上餐桌，只能趴在椅子後面等。錢鍾書規定花花兒睡覺要在客廳沙發上一個白布墊子，花花兒就乖乖地待在那，有一次錢鍾書忘記把墊子鋪平，牠就將身體拉成長條狀趴在上面，一點都不會超過墊子的範圍。

還有一次，花花兒調皮地爬上大樹不敢下來，錢鍾書用盡千方百計才把牠救下。

回到家後，花花兒跳到錢鍾書的書桌，用爪子輕輕地在他的手上一搭表示感謝，錢鍾書對花花兒的感情愈來愈濃了。

錢鍾書夫婦寫作累了就觀察花花兒的舉動：

「臉上有勻勻的兩個黑半圓，像時髦人戴的大黑眼鏡，大得遮去半個臉。」

「聚精會神地蹲在一疊箱子旁邊，忽然伸出爪子一撈，就逮了一隻小老鼠。」

「牠早上第一次見到我，總把鼻子在我臉上碰碰。」

「有一次我午後上課，半路上看見牠『嗷、嗷』怪聲叫著過去。牠忽然看見了我，立即回復平時的嬌聲細氣。」

隨着時光流逝，個頭增高，花花兒的好奇心愈來愈強，牠跳出教授宿舍高高的圍牆，探索生活周遭的新事物，俯望著北京的小胡同，隨著庸庸碌碌的人群徘徊。錢鍾書夫婦起初很擔心，但花花兒深夜都能準時回來，也就卸下了心房，想出去就出去吧，沒什麼大不了的。

半夜起來幫貓打架

一天晚上，花花兒直到深夜都沒有回家，錢鍾書夫婦心急如焚，在房間內來回踱步，不時掀開窗簾望向窗外，怎樣都睡不著。直到屋頂傳來一陣激烈的聲響，錢鍾書取來梯子爬上屋頂，原來是有一隻大胖黑貓正在欺負花花兒。錢鍾書是愛貓如命的人，不惜冒著臉被刮花的風險架開兩隻貓，將花花兒護送下樓。

不知道為什麼，花花兒就是沒有學到教訓，每天依然在外遊走，被胖黑貓欺負幾乎成了日常生活。錢鍾書攔不住花花兒，但面對此行此狀，自然不會放任而行，於是突發奇想找來一根竹竿，放在家門口，「不管多冷的天，只要聽見貓兒叫鬧，就以迅雷不及掩耳之勢從熱被窩裡出來，抄起竹竿，趕出去幫自己的貓兒打架。」

後來錢鍾書發現，這隻黑胖貓的主人居然是大學同事林徽因。

錢鍾書與林徽因都是愛貓之人，對自己的毛孩兒都寵愛有加，在這種情況下，兩人的關係自然產生裂痕。林徽因看到小黑貓無故多了幾道瘀青，心裡非常憤怒，她請楊絳讓錢鍾書控制一下自己，不過錢鍾書毫不在乎，他說：「理論總是不實踐的人制定的。」隨後又操起竹竿，往屋頂衝去了。

當然，錢鍾書雖為人比較直衝，但也是一位有大家風範的人，絕不可能因為這樣小的事與林徽因不睦，因此對林徽因的不滿，其實另有原因。

林徽因的私生活

眾所周知，林徽因十分喜歡舉辦讀書沙龍，文人聚會本是常有的事，但來參加聚會沙龍的都是社會名家，且幾乎都是男人，因此此舉常常遭到不少人非議。

錢鍾書雖然說不上守舊，但對愛情的那套規矩看得十分嚴謹。他的妻子就是初戀，一生深愛一人，從不拈花惹草。在那個時代，知識分子爆出什麼桃色緋聞是常有之事，我們熟知的胡適、魯迅、陳獨秀都不例外，錢鍾書伉儷情深，乃是民初時期難得一見的清流。

錢鍾書分析林徽因舉辦沙龍的心態，認為不是為了探討學術，而是為了「心靈交流」。她的邀請名單上，絕大多數都是孤寂富有的中年人，他們知道林徽因是有夫之婦，卻因為有幸能與如琬似花的美人對談，內心獲得無比滿足，中年人把林徽因的客廳當作情感與精神的避風港，而林徽因則享受著男人們眾星拱月的感覺，兩方在這種「互利共生」的關係下，獲得各自幻想的美夢。

後來，錢鍾書無意間找到一篇諷刺林徽因的文章〈我們太太的客廳〉，他恍然大悟，原來可以用這種方式表達對林徽因的反感。他頓時文思泉湧，腦海裡生出千百回字句，栽在書桌前無法自拔，回神時已經寫了三萬多字，他以〈貓〉做為文章名稱發表，聲稱內容是憑空臆造，但明眼人還是能看出，男女主角的原型就是林徽因和梁思成。其中有一段是這麼說的：

在一切有名的太太裡，她長相最好看，她為人最風流豪爽，她客廳的陳設最講究，她請客的次數最多，請客的菜和茶點最精緻豐富，她的交友最廣。最重要的是，她的丈夫最馴良、最不礙事。

錢鍾書的大作，每一句話都充滿極惡趣味的暗諷，夫妻倆的身世、家學都被從頭損到尾，甚至還獨家爆料，稱林徽因的雙眼皮是在日本割的，梁思成的畢業論文是由外國人代寫，明擺著就是要把一切能罵之事物，全部集結到這三萬字的洋洋大文中。

後會無期，再見了！

文章發表後，靈敏的記者們知道事有蹊蹺，詢問錢鍾書和梁思成夫婦發生了什麼事情，但錢鍾書只是笑笑地不說話，林徽因明白這正是在諷刺他們夫婦，但又不好意思承認，只能在一旁默默地生氣。

國共內戰後，林徽因和錢鍾書雖然都留在大陸，卻從此沒再聯絡。兩人因為一點小事，竟然鬧得翻臉不相見，何必呢？也許他們倆都該學學金岳霖，老金養了一隻雞，整天帶著牠跑來跑去，吃飯時就將牠放在椅子上，雞能把脖子伸上來，和老金一起共享佳餚，這種寵物不但獨一無二，也免得像貓兒打架的事件發生。在愛情方面，老金是失敗的，但在挑寵物方面，他可是慧眼獨具呀！

歷史上許多文人的形象都不完美，各有各自的小脾氣，其實錢鍾書之所以挖苦林徽因，大概也是嫉妒心作祟，他幾乎沒有被邀請到沙龍活動過，一想到自己好歹是外文泰斗，卻連個民間小集會都不得其門而入，心裡自然不是滋味，只能凝視著被社會名流包圍的林徽因，看著他們搔首弄姿、眉開眼笑，自己獨守在一步之遙的房間，摸著花花兒，品嘗孤獨的滋味。

1 出身江蘇寶山的銀行家與企業家，徐志摩的原配。

其實我也是吃貨

——專業甜點評論家張愛玲

人物小檔案

張愛玲（一九二〇年九月三十日～一九九五年九月八日）華人現代女性小說家。出身名門世家，二十歲開始在出版社發表小說，以生動的故事場景、真摯的感情糾葛，令文壇為之驚豔，是當代少見的天才型女作家。

美食評論家在民國時期就有點影子了，那時候人們不用忍著挨餓的肚子拍照、打卡，菜一端上就可以吃，乾脆多了，而記錄美食的方式倒也獨樹一幟，等到吃飽喝足，回家休息後，再將對飯菜的印象記錄下來。

在眾多美食紀錄中，除了康有為的世界美食之旅外，就屬張愛玲的美食紀錄最為知名。張愛玲的飲食習慣非常大膽，常常顯得別具一格，民國文人的口味雖然變得多元，但主軸還是離不開所謂的中國味，人們在紀錄中留下的文字，大多只是千篇一律的中式料理。

張愛玲是當時的特例，若說她是民國最偉大的文學家可能尚存爭議，不過如果說她是民國最不挑剔的美食家，可能沒有人會反對。當其他人還在吃天津餃子、飲中式黃酒時，張愛玲已經會用奶油刀將奶油均勻塗抹在英式司康鬆餅(Scone)了。綜觀她的飲食經歷，我們會驚訝地發現，她簡直就是一位美食網紅。從德式起士林(Kiessling)麵包，到平民小吃油條，凡張愛玲所到之處，能接觸到的一切美食，幾乎無一例外地被她品嘗了。

被家庭遺棄的孩子

要談論張愛玲愛好食物的習慣，就必須先提她的童年。

張愛玲是所有民國文人出身最高的，祖上都是大名鼎鼎的當官者，祖父是兩廣總督張佩綸，祖母是北洋大臣李鴻章的長女，光是他們的資產就夠遺老遺少坐吃幾輩子了。不過富足的家庭，並沒有給張愛玲一個幸福童年。她的父親不是一個稱職的人，整天只知道抽鴉片，彷彿是具生命空殼；母親無法忍受丈夫的紈褲作風，在張愛玲還小時就離家出走了。

張愛玲十四歲時，父親迎娶了另一位名門出身的千金小姐，以古鑑今，繼母大多不疼愛原配的孩子，張愛玲的故事亦然。繼母不是一位慈祥的母親，張愛玲喜歡穿新衣服，繼母便給她舊衣服穿；張愛玲喜歡自由，繼母便給她嚴厲的家訓，一次面對繼母的毆打，張愛玲本能地還擊，卻遭來父親的一陣毒打。

繼母和父親張廷重志同道合，每天一起躺在床上抽鴉片，在吞雲吐霧中散盡了金錢與時光。張愛玲從小培養出羞恥與憎惡的潛意識，也許是為了轉移心情，張愛玲開始找尋提供慰藉的興趣，除了《紅樓夢》等文學名著外，她最喜歡的當屬食物了。

臺灣人現在提到天津著名美食，會無意識地聯想到「狗不理包子」，此一小吃號稱「天津三絕」之首，被譽為「津門老字號，中華第一包」，但它放在小吃店林立的民國時期可上不了排行榜。張愛玲小時候家裡有錢，天津大街的小吃肯定都吃過，但在十多年後，當她回首這段往事時，能讓她念念不忘的唯有家裡附近的蘿蔔湯店：

咬住鴨舌頭根上的一隻小扁骨頭，往外一抽抽出來，像拔鞋拔……湯裡的鴨舌頭淡白色，非常清腴嫩滑。

張愛玲出生在貴族世家，但喜歡的飯菜卻不貴族。鴨舌是那時候的平民美食，不用花太多錢就能喝上一碗，只能說，專業老饕的見解，真不是一般人能體會的。

逃離老家

張愛玲長大後，與繼母的關係並沒有好轉，新仇舊恨反而愈來愈嚴重。有一次，張愛玲得了嚴重的痢疾，父母卻假裝沒有看見，害她差點命喪黃泉。張愛玲病癒後愈想愈怒，氣得逃出家門，奔向親生母親的家。

那時候親生母親黃素瓊住在上海，經濟狀況拮据，遠不如之前世家大族的風範。

但張愛玲不介意，因為在那裡，她第一次感受到人性溫暖，不再受到無端指責，而是友愛與包容。飲食方面更是如此，張愛玲四歲時親生母親就逃走了，繼母從來沒有為她煮過一餐飯，吃的東西不是外食，就是家僕煮的飯。而在上海，雖然沒有錦衣玉食，張愛玲卻初次嘗到了母親的拿手好菜。

張愛玲筆下，母親煮的菜是感情深厚、飽滿豐富的：

莧菜上市的季節，我總是捧一碗烏油油紫紅夾墨綠絲的莧菜，裡面一顆顆肥白的蒜瓣染成淺粉紅。在天光下過街，像捧著一盆常見的不知名的西洋盆栽，小粉紅花，斑斑點點暗紅苔綠相同的鋸齒邊大尖葉子，朱翠離披，不過這花不香，沒有熱呼呼的莧菜香。

在上海的那段時光，是張愛玲一生中少有平靜的時期，年僅二十歲左右的她文思泉湧，寫下了許多著名小說，一時名聲大噪。更妙的是，她盡情享受成功、快樂的同時，仍舊不忘把「吃」記錄下來。民國時期的上海，可說是全世界美食的聚集地，各式各樣的點心齊聚一堂，西式甜點多不勝數。張愛玲愛好甜點，雖然當時還不能打卡留照片，但她卻用一篇篇錦繡文章，將吃的回憶都記錄下來：

一、德式起士林麵包：「在上海我們家隔壁就是戰時天津新搬來的起士林咖啡館，每天黎明製麵包，拉起嗅覺的警報，一股噴香的浩然之氣破空而來……」

二、英式司康鬆餅下午茶：「這司康鬆餅的確名下無虛，比蛋糕都細潤，麵粉顆粒小些，吃著更『麵』些，但是輕清而不甜膩。」

三、俄式老大昌（Tchakalian）麵包：「各色小麵包皮中有一種特別小些，半球型，上面略有點酥皮，底下鑲著一支半寸寬的十字托子，這十字大概麵和得比較硬，裡面摻了點乳酪，微鹹，與不大甜的麵包皮同吃，微妙可口。」

四、美式熱巧克力（Hot chocolate）：「在咖啡館裡，每人一塊奶油蛋糕，另外要一份奶油；一杯熱巧克力加奶油，另外要一份奶油。雖然是各自出錢，仍舊非常熱心地互相勸誘。」

與胡蘭成的認識

張愛玲的文筆不僅觸動大批讀者內心，也觸動了命中註定的那個人——胡蘭成[1]。

他們相識的過程十分有趣，胡蘭成第一次看到張愛玲的文章後，幾乎連根帶葉地將她所有的著作讀完，胡蘭成想親自見到張愛玲，但她卻不想見客。胡蘭成循著蛛絲馬跡找到了張愛玲的住家，偷偷將一張紙條塞進她家的門洞。至於紙條寫了什麼，只有張愛玲和胡蘭成知道；第二天，張愛玲便邀請胡蘭成見面了。

兩人約在胡蘭成家中見面，為了讓自己看起來成熟穩重，張愛玲特意找出許久沒穿的貂皮大衣，但在老熟的胡蘭成面前——「只覺與我所想的全不對」、「她又像十七、八歲正在成長中，身體與衣裳彼此叛逆。她的神情是小女孩放學回家，路上一人獨行肚裡在想什麼心事，遇見小同學叫她，她亦不理，她臉上的那種正經樣子」。

他們在談話期間有吃什麼嗎？史料沒有記載，但依照胡蘭成對吃不挑剔的個性，也許只是一杯淡茶而已。這不是重點，總而言之，兩人在談話期間暢所欲言、心花怒放，張愛玲欣喜地發現，胡蘭成讀懂了她。張愛玲因童年不順在心中築起的厚厚圍牆，竟在短短幾天就被胡蘭成奮力推倒，徹底被這位充滿神祕感的男人征服。張愛玲全然愛上了胡蘭成，不管他的特殊身分，也不顧他已有妻室。

一九四三年至一九四五年，張愛玲度過了最幸福的愛情時光。胡蘭成知道張愛玲喜歡吃甜食，便時常買各國點心給她；胡蘭成說：「每天必吃點心，她調養自己像隻紅嘴綠鸚哥。」有一次張愛玲的朋友周瘦鵑[2]造訪，瞬間被下午茶的陣仗嚇傻：「茶是牛酪紅茶，點心是甜鹹俱備的西點，十分精美，連茶杯與碟箸也都是十分精美的。」

張愛玲不會做飯，胡蘭成也不會，兩人是標準的「外食族」。胡蘭成的薪水在當時是數一數二的高，可以讓張愛玲吃遍上海洋場的所有美食，但從張愛玲的角度來看，美食從來無法用價格衡量。有人說那時張愛玲最喜歡的美食是油條，就她的回憶錄來看，油條被提起次數確實最多，諸如「人把油條塞在燒餅裡吃，但是油條壓扁了就又稍差，因為它裡面的空氣也是不可少的成分之一」、「大餅油條同吃，由於甜鹹與質地厚韌脆薄的對照，與光吃燒餅味道大不相同」等。

胡蘭成對吃沒有特別的欲望，小時候除三餐外從不吃零食，長大後也常言一句

「女子嘴饞容易失節，男子嘴饞容易奪志」，但他仍寵溺著愛吃零食的張愛玲，張愛玲則牽著他的手腕，帶領這個不懂美食的愛人體驗世間美好。

愛情幻夢的破滅

好景不常，張愛玲幸福生活很快就幻滅了。戰爭結束後，境內反日情緒高漲，大力搜捕依附汪精衛政府的官員。胡蘭成為了避免被捕，打算逃回家鄉浙江，臨行前，張愛玲挽著他的手開玩笑說：「那時你變姓名，可叫張牽，或叫張招，天涯地角有我在牽你招你。」張愛玲原本以為分開最多只是幾個月，在談笑中送走了胡蘭成，沒想到這次分離，卻大大改變了他們的一生——胡蘭成在家鄉和比自己大一歲的寡婦范秀美戀愛了。

范秀美一路護送胡蘭成到溫州，讓他躲在娘家，兩人過著形同夫妻的親密生活。同一時間，張愛玲卻獨守空閨，由於受到胡蘭成的牽連，沒有任何報刊願意刊載她的文章，她被各方指責，斷了經濟來源。張愛玲不顧一切離開上海，想重新回到心愛的男人身邊。獨自出行對一位嬌生慣養的女子來說是何等困難，但這時什麼也比不上愛人的溫暖擁抱。

經過幾個星期的奔波，張愛玲終於循著軌跡找到了胡蘭成所在之處，沒想到得來的卻是冰冷現實。敏感細膩的張愛玲看清了他們之間的關係，在胡蘭成心中的位置，她已經愈來愈小，甚至不見了。

胡蘭成收到了張愛玲寄來的最後一封信，他內心知道原因。張愛玲寫道：「我已經不喜歡你了，你是早已經不喜歡我了。這次的決心，我是經過一年半的長時間考慮的。你不要來尋我，即或寫信來，我也是不看的了。」

這次分開後，張愛玲獨自待在上海，並在一九五二年因政治局勢而出走香港。愛情不順遂的陰影一直籠罩著張愛玲的後半生，她被重重地傷害了，卻不願意走出傷害她的那個人的回憶。張愛玲的後半生就像她的作品般沉鬱淒涼，之前喜歡吃甜食，「和老年人一樣，喜歡吃甜的爛的」，但在香港的那段期間，張愛玲卻從沒有寫過一句有關美食的描述，恐怕真的被胡蘭成掏空了。只有一九五二年乘坐輪船前往日本，離開那銳挫望絕的祖國時，張愛玲的心情才終於好轉，寫下短短幾行美食評論：

一日三餐都是闊米粉麵條炒青菜肉片，比普通炒麵乾爽，不油膩。菜與肉雖少，都很新鮮。二等的出資顯然不會做第二樣菜，十天的航程裡連吃了十天也吃不厭。

張愛玲的後半生

一九五五年，張愛玲前往美國，和大她足足二十九歲的美國過氣劇作家賴雅(Ferdinand Reyher) 結婚。不過賴雅婚後不久便中風癱瘓，一切家計都壓在張愛玲身上，生活頓時間又黯淡下來，家務壓力和自我悲嘆逐漸壓垮昔日高視闊步的張愛玲。直至一九六七年賴雅過世時，張愛玲已經是一具靈魂空殼。她拒絕和熟人聯絡，拒絕接見客人，把自己封閉在房間內，就她在洛杉磯唯一的聯繫人林式同回憶：

張愛玲平時不願自己動手烹飪，也不願到外面去吃，僅以罐頭蔬菜、盒裝鮮奶、雞丁派、胡桃派、蘇格蘭鬆餅等做為飯食，罐頭蔬菜用電爐加熱一下就吃，充其量再煎個雞蛋。如此長年累月，營養跟不上，免疫力下降，人都瘦乾了。

昔日吃遍各地美食的張愛玲，最後卻以最簡單的食材為生，實在令人唏噓。

一九九五年，張愛玲生命的最後一年裡，身體狀況嚴重惡化，對她的寫作生活帶來了極大困擾，由於早年期間好吃甜食，牙齒產生眾多毛病，只能以稀爛的食品度日。

廚房裡堆了許多紙碗、紙碟及塑膠刀叉，吃剩的電視餐，連盒帶刀叉統統塞進紙袋裡丟掉，有些買來的金屬刀叉也逃不了被丟的命運。她不常煮東西吃，鍋子都很乾淨，不怎麼用，還留下些全新的。用得最多的算是那小烤箱了，又破又髒。她也喝濃咖啡、茶，有咖啡壺。

注重餐飲品質的張愛玲，到人生的最後時光已顧不上那麼多。一九九五年九月八日的中秋節晚間，張愛玲躺臥床上，一個人在紐約的公寓孤獨離去。

張愛玲一生都想讓自己成為不平凡的人，總歸還是喜歡各地美食，美食伴隨她的成長，並在各個時期中反映出不同的價值觀，也是她在孤寂中唯一的慰藉。但沒想到在人生的最後時刻，上天竟剝奪了她碩果僅存的嗜好，沒有愛人、沒有生活、沒有美食，在極其孤單的環境下離開世間。

回看張愛玲的一生，快樂的日子稍縱即逝，痛苦的歲月卻遙遙無期。「長的是磨難，短的是人生」張愛玲用她悲涼的一生，揭示出大時代下，乃至世間百態的淒涼辛酸與無奈。

---

1 中國近代作家，張愛玲的第一任丈夫，曾任職於汪精衛政權。

2 中國當代作家、園藝家，「鴛鴦蝴蝶派」的代表人物之一。

想知道我的祕密嗎？去找吧！

——語言學家季羨林的搞笑日記

人物小檔案

季羡林（一九一一年八月六日～二〇〇九年七月十一日）
中國語言學家、文學翻譯家，梵文、巴利文專家。曾任北京大學副校長、德國哥根廷大學教授，是少數撐過文化大革命迫害的學者。

歷史有假象與真相，愈接近現代的人物，愈常因政治等因素受到蓋棺定論，同一時期有愈大作為的人，背景難免受到過分神化，甚至忘記他們也是吃五穀雜糧、有七情六欲的人類。

不過，著名的語言學家季羡林可避免了此等麻煩。身在大時代的一分子，當時他還只是一位名不見經傳的小伙子，在清華大學就讀時，曾經寫了一本很有意思的《清華園日記》，將讀書的怨氣都一吐為快，而這本小冊子，也成為讓他免於神化的「護身法寶」。

他在日記裡面的想法，都是我們想過卻沒說出口，也是我們不敢承認的，看美女、罵教授、作春夢、批室友，季羡林幾乎把別人不敢寫的都寫了出來。發表成書時，大師卻連一字也不肯改，讓人們看到他一生豐碩的學術成果與光環時，也會從中了解：原來神壇下的大師，也會沮喪，也有激情，也有嚴重的拖延症，和普通人沒有多大差異。

寫日記的原由

季羡林的人生經歷，可能是所有文人裡最融入人群的一位了，他樸實平凡，有許多平常人的經歷，高中時總拚不進第一名，甚至因為珠算打不好而挨板子。上課時，老師在臺上苦口婆心，季羡林卻在桌下攤著小說，就他自己所說，就是以這樣的方式看完《金瓶梅》。季羡林和錢鍾書一樣，年輕時都偏科嚴重，不過錢鍾書至少數學考了十五分，季羨林只考四分。還好當年報考大學的人數很少，讓他順利進入了清華園。

季羨林就讀西洋文學系，專修德文。大學讀書期間，季羨林開始發表文學作品，然而他有個很多人共通的毛病，就是忘東忘西，老是把已經做的事情忘得一乾二淨，剛在大學學刊投稿完一篇文章，隔天就忘記，搞得學校信箱經常塞滿重複信件。

季羨林也知道自己的毛病，為了改變，他特地買了一本好看的日記，挑上一支上等鋼筆，打算從今以後開始寫日記。沒想到買來的第一個晚上，季羨林就忘記此事，隔天才開始寫日記，很有趣的是，他把這件事情記錄起來了：

一九三二年八月二十二日：日記剛復活了，第一天就忘記了去記，真該打！總說一句，現在的生活，可以說是很恬靜，而且也很機械……

季羨林雖然不想健忘，不過第二天還是忘記寫了：

一九三二年八月二十三：真渾蛋，今天又忘記了。同昨天差不多，仍是作那些事情。

與第一天不同的是，季羨林的文筆進步了，在第二段加上了感性的抒發：

長之說，最好多作點東西賣錢，把經濟權抓到自己手裡。家庭之所以供給我們上學，也不過像做買賣似的。我們經濟能獨立，才可以脫離家庭的壓迫。我想也是這樣。

二十一歲，正是最青春年華的一段時光，生活充滿了希望和幻想，對人生抱有較高的理想。季羨林極力想擺脫家長控制，追逐美好的嚮往，這像不像是二十來歲的年輕人心聲呢？

客倌您猜猜，第三天時，季羨林究竟有沒有記得寫日記呢？

嗯，他還是忘了。

一九三二年八月二十四日：今天究竟又忘了，這種渾渾的腦筋又有什麼辦法呢？

有趣的是，季羨林那天和同學去體育館跑步，也許因為太久沒運動，他跑得非常吃力，感到相當困難，原本打算跑二十一圈，結果到十五圈就累得喘不過氣，他下定決心要多多運動鍛鍊身體。說也奇怪，當他開始運動健身後，日記便再也沒出現忘記撰寫的橋段了。

吐槽大師季羨林

從二十五日開始，季羨林度過了一段很長的充實時光，他拜訪各大科系的教授，譜寫出眾多散文，並翻譯多篇外國文章。日記相當瑣碎，但我們可以從中可以看出季羨林是個很喜歡讀書的人，他總是不斷地閱讀，幾乎兩、三天就能讀完一本，然後在日記中寫下簡短評論。有趣的是，季羨林連明末的情色小說《石點頭[1]》也讀完了，他在當天的日記寫下：

一九三四年五月十七日：今天看了一部舊小說，《石點頭》，短篇的，描寫並不怎樣穢褻，但不知為什麼，總容易引起我的性欲。

一本數百年前流傳下來的文言文小說，竟仍讓季羨林心有靈犀，這可能是他後來成為學術大師的重要關鍵吧！

人們都說大學生活很枯燥無味，其實早在近一百年前，季羨林就已經抱怨過了，而且還不只是隨口說說，是在日記大發議論，寫得張牙舞爪、披頭散髮，大有撲天蓋地之勢。室友不近人情，他便怒斥：「沒熱情，沒思想，死木頭一塊。」投稿的文章還沒發布，他便狂罵：「我的稿子還沒登出，媽的。」或許是因為大學生活真的太無聊，日復一日，年復一年，無法滿足季羨林的視野，他開始沒事找事做，如果發現什麼新八卦，就第一個跑去湊熱鬧：

一九三二年十二月二十一日：看清華對附中女子籃球賽，說實話，看女人打籃球，其實不是去看籃球，是在看大腿。附中女同學大腿倍兒黑，只看半場而返。

一九三三年四月二十九：今天是本校二十二週年紀念……因為女生宿舍開放，特別去看了一遍。一大半都不在屋裡。

當然，大學生活裡面，考試肯定不能少，不過清大的考試頻率實在太高了，季羨林對此極為厭惡，每當考試接近時，日記便會充斥著無數髒話。

一九三四年三月十三日：媽的，這些渾蛋教授，不但不知道自己洩氣，還整天考，不是你考，就是我考，考他娘的什麼東西？

一九三四年三月十七日：媽的，只要老子寫出好文章來，怕什麼鳥？

季羨林與多數學術大師不同的點在於，他是一位有血有肉的人，在他的文章裡，我們可以看見由內而外透露出來的誠心，行文讀起來自然舒暢，絲毫沒有一點虛偽的感覺；而在日記裡，我們可以從粗糙而真實的句子中明白：原來大師奮鬥太久，也會覺得疲憊；讀了太多書，就會想找點樂子；當生活喪失激情，便會想在日記寫下一串廢文。

一九三二年九月三十日：晚上懶病大發，瞪著眼看桌子，卻只是不願意看書。

一九三二年十月九日：早晨本想躲在床上躺一會，但因昨晚豆漿喝得太多，半夜就想撒尿，現在實在再也不能忍了，於是乃是起來。

一九三三年五月三十日：晚上遛圈回來在王紅豆屋大打其牌。一直到十點才回屋，你猜回屋幹嘛？大睡其覺。

一九三三年十二月十三日：最近寫日記老覺得沒有什麼可寫……就是今天這一段廢話，也是目的在使篇幅增加。

一九三四年三月二十六日：今天抄了一天畢業論文，手痛……

能把這些看似瑣碎的日常小事，用極大的篇幅記錄下來，我想全天下只有季羨林一人而已。不過，發廢文只是他人生中的一小部分，絕大部分時間還是在認真念書中度過。季羨林最終以非常高的分數，順利從清華大學畢業。校方知道季羨林是一等人才，主動和德國的哥廷根大學合作，讓他順利無縫接軌，前往國外留學。

在德國刷馬桶的軼聞

一九三五年，季羨林揮別清華，告別了破敗的國、貧窮的家，以及剛出生的女兒，獨自一人乘上火車，前往遙遠的西方。說了也許你不信，年輕的季羨林並沒有什壓野心，大部分的國學大師往外跑，無非是為了汲取知識，但就季羨林的日記所言，他之所以出國，是大學畢業不好找工作，要混個研究所文憑才行。連他都覺得留學是盲目的，因為社會上瀰漫著留學熱，他算是跟風才去。

此時的季羨林瞧不起自己，也瞧不起其他跟風的留學學生，他們大部分是富家子弟，眼裡沒有學術知識，整天想吃喝玩樂。季羨林在一九三五年十月十七日的日記裡寫道：

> 在沒出國前，我雖然也知道留學生的洩氣，然而終究對他們存著敬畏的觀念，覺得他們終究有神聖的地方，尤其是德國留學生，然而現在自己也成了留學生了。在柏林看到不知道有多少中國學生……不客氣地說，我簡直還沒有看到一個像樣的「人」。到今天我才真知道了留學生的真面目。

季羨林到哥廷根大學後，隨便找了一間當地的寄宿家庭，開始他的留學生活。當時德國排外現象十分嚴重，季羨林的一身黃皮膚，為他帶來不少麻煩，就連寄宿家庭的男房東也很少給他好臉色看，他們甚至因為「大便」吵過一架：

一九三五年十月十八日：今天大便剛完了，就聽急劇的叩門聲，開門一看是男房東，男房東我早就知道他是個渾蛋，整天待在家裡，什麼事也不做。他氣沖沖地開了廁所門，指給我看，馬桶木座上有一點屎，我真茫然了，因為今天大便完了忘了看，而且我根本就想不到我的屎會濺到木座上去。我只好自己擦掉。這當然是我不對，但老渾蛋也不應該那樣盛氣凌人。

一九三五年十月十九日：昨天因為大便問題，所以一看到廁所心裡便有說不出的感覺，我覺得自己是受了侮辱。我雖然不願意到廁所去，但每天又不能不大便，所以我今天早上特別早起，在別人還沒起來以前去大便。

季羨林在德國留學的十年期間很有意思，當時哥廷根大學打算招收一名漢語學導師，不過盧溝橋事變已經爆發，中、德關係變得十分緊張，沒有人願意響應招募。校方想了想，乾脆從中國留學生裡挑一位說話能力比較好的人，從學生直接跳級當講師。有趣的一幕出現了，原本只是想混個學歷、以後討個飯吃的季羨林，竟然雀屏中選，成為哥廷根大學的正式教授。

季羨林本人雖然不大正經，但愛國心還是有的，他知道科技發達的德國不缺人才，但搖搖欲墜的中國，卻極需知識分子的幫助。戰爭結束後，他捨棄哥廷根大學的職務，回到中國教書。

《清華園日記》的出版

數十年後，當季羨林已經成為一代鴻儒、中國語言學的第一把交椅時，他向出版社投稿這本清華園日記，希望大家能學習他鍥而不捨的求學歷程，不過編輯卻認為裡面汙穢的話語太多了，需要進行刪減，「這些話是不是要刪掉呢？我考慮了一下，決定不刪，一仍其舊，一句話也沒有刪。我七十年前不是聖人，今天不是聖人，將來也不會成為聖人。我不想到孔廟裡去陪著吃冷豬肉。我把自己活脫脫地暴露於光天化日之下。」

季羨林的日記原封不動地出版於華人世界的每一處角落。

誰青春時不迷茫，誰年輕沒碰過牆？大師和我們的不同點在於，他選擇直接面對不堪回首的過往，讓真實的一面完好無缺地展現在大眾眼中，就這點來說，季羨林真不愧是扛過文革的真漢子。相信世人在北京大學瞻望他的銅像時，也會想起擦拭馬桶的背影，因而被改正自新的偉大情操感動得痛哭流涕。

1 晚明的短篇白話小說集，作者是席浪仙，號「天然痴叟」。

從黑長衫到紅夾克

——遊士李敖的穿搭祕笈

人物小檔案

李敖（一九三五年四月二十五日～二〇一八年三月十八日）

臺灣知名史學作家、政治評論家，以文詞犀利而聞名於世，其著作《北京法源寺》曾獲得諾貝爾文學獎提名。

這篇章節要講的主題是號稱「五百年內中國第一白話文作家」的李敖，他的歷史評價實在很繁雜，有人說他是鬥士，有人說他是瘋子，風評好壞與否，專家自有公論，這裡就不多加論述，我們換個輕鬆點的主題——李敖的衣櫃有哪些衣服？

李敖雖然稱不上時尚大師，但至少是一名文化人，穿搭自然是十分講究。他的風格隨著年齡與時期不同而呈現變化，本人也為了打扮費盡心思，即使再熱的天氣，也要頂著太陽穿長衫，一萬二千元新臺幣的紅色夾克毫不客氣地買了好幾件。有人說近代史以來最會打扮的作家是張愛玲，但真正做到與服裝合而為一的人，大概只有李敖一人。

怪醜之尤——長袍怪

李敖的第一件衣服是長袍。

一九五四年九月十四日，十九歲的李敖終於考上夢寐以求的歷史系，他並非第一次來臺大，一年前他就考上了臺大法律系，不過李敖認為法律系的學生「只會抄抄筆記、背背講義，很少能獨立思考、獨立判斷」，所以讀不到一年就休學了。

二度走進臺灣大學校園，十九歲的李敖顯得格外輕鬆，提著大包小包的行李，穿越鬱鬱蔥蔥的人行道，望見昔日曾短暫停留的法學院，李敖鼻子一哼，頭也不回地走了。他揚首闊步地進入文學院，覺得自己終於可以大展身手、大幹一番了。

一到上課，年輕氣盛的李敖極為頑皮，自認在知識上超越不少任課老師，所以不買臺大老師的帳。有一次，李敖在課堂上突然舉手，劈頭大聲問道：「三民主義到底有沒有缺點啊？」

教授應聲脫口而出：「當然有啊！」

李敖追問：「缺點在哪裡啊？」

教授厲聲回答：「我不敢講啊！」

霎時間，全班為之哄堂大笑。

李敖的特立獨行不僅反映在言行，也外化在他的衣著。那時的臺大已經步入新時代，年輕人隨著西方潮流翩翩起舞，牛仔褲與白襯衫成為大街上的尋常穿著。不過李敖反其道而行，一年四季身穿一襲黑色長袍，走起路來格外引人注目，看起來就像從清代古裝劇穿越而來。

由於李敖的舉止實在標新立異，香港的《大學生活》學生周刊特別列舉出臺大的四怪三醜，而怪醜之尤就是「長袍怪」，可見李敖的人尚未出名，衣著就已經享譽外地。他本人更宣稱：「沒有一個人敢說他沒見過文學院那穿長袍的，除非他是瞎子，可瞎子也得聽說過李某人，除非他還是聾子。」

歷史系教授夏德儀也喜歡古著，冬天一襲長袍，但夏天不穿。他看到李敖連夏天都穿著黑綢，氣喘吁吁地在椰林大道遊走，不禁感嘆：「你比我還頑固。」為什麼李敖只對長袍情有獨鍾？難道西裝或中山裝不好嗎？李敖曾特地發表一篇〈長袍心理學〉，為廣大好奇心重的讀者們提出了解釋：

一襲在身，隨風飄展，道貌岸然，風度翩翩然，屈指算來，數載於茲矣！不分冬夏，不論晴雨，不管女孩笑於前，惡狗吠於後，我行我素，吾愛吾袍，絕不向洋鬼子的胡服妥協，這種鍥而不捨的擁護國粹，豈何凡先生所能望其項背哉！

曾有一段期間，大家都以為李敖穿長袍是為了固守中華文化，免於受「洋鬼子的胡服」侵擾，不過李敖年老時，卻不小心把自己冠冕堂皇的理由戳破了，原來「長袍是我爸爸的，從大陸帶來的」，他想穿西裝，但家裡太窮，為了顯示獨特與典雅，只好翻出父親的長袍來穿。

窮困潦倒的二十二K畢業生

大學畢業後，李敖因為缺乏人際關係，以及之前的特立獨行，多數人不願幫助他，連中學老師的職位都難以謀得，這是什麼意思呢？當時臺灣有學歷的教育家不多，公立高中老師普遍只需要大學文憑即可任教，甚至僅有國中學歷就當高中老師的案例都出現過，李敖堂堂一介臺大高材生，竟落如此下場，令人唏噓。

經過幾番輾轉，李敖終於謀到了一份兼職，月薪一千元。當年臺灣的基本工資就是一千元，換算成現今大概就是二十二K。且李敖比二十二K更慘，因為他的公司營運不善，薪水無法按時發放，生活有一餐沒一餐，有一陣子甚至得靠幫中學老師改作文掙取微薄酬勞。

到了一九六一年，李敖真的窮到一無所有了，出版社對他的著作不甚滿意，出版量也不引人注目。李敖的三條褲子都進了當舖，賣掉了高貴的黑長袍，換上「向洋鬼子妥協」的西服，但他太窮，買不起西裝外套，夏天只能穿件泛黃的白襯衫配領帶；冬天寒冷時，在夏裝的基礎之上多穿一件開襟棉毛衣禦寒。

好在這段期間不長，李敖很快找到了出路。當時臺灣正值白色恐怖時期，言論自由受到極大限制，一批新興知識分子勇敢地跳出來，提倡爭取個人的言論自由，堅持自由主義文學，簡單來說，就是玩命搞創作。李敖覺得這場運動完全是自己的菜，毫不猶豫地跳了進去。

他找到一家作風比較開明的周刊，將自己在這些年受到的遭遇，集成一股苦水吐出來，內容長篇大論，足夠出好幾本書了。但抽絲剝繭來看，核心內容只有一個，就是「傳統文化一文不值，政府的迂腐不盡人情」。李敖的文章很快引起廣大迴響，著名的《文星》雜誌邀請他當編輯，因此有了穩定收入。此時的李敖終於能如願以償，買得起西裝和皮腰帶了。

當時違背國民政府立場的知識分子下場都很慘，李敖激進的文章引起當局注意，《文星》雜誌被勒令停刊，李敖被官方徹底封鎖，寫出來的文章沒人敢看，也沒有出版社替他發行，李敖再次落入失業的窘境。更雪上加霜的是，為了掩護被通緝的臺獨分子彭明敏，李敖暗中協助他偷渡瑞典，但這事件讓李敖差點命喪黃泉。

第三套衣服

諷刺的是，李敖是反臺獨的，曾以戲謔的口吻說道：「我太愛臺灣了，所以不能成為臺獨分子。」後來有媒體詢問李敖，為什麼要幫助一個政治觀點完全相反的人，只見他不疾不徐地將額頭微微抬起，遠望天空，吟誦出大思想家伏爾泰（Voltaire）的經典名言：

「我不同意你的觀點，但我誓死捍衛你說話的權利。」

此時，李敖脫下了西裝，換上了人生第三套服裝——囚服。

早期美國好萊塢電影監獄囚犯穿的獄服，都是黑白相間的横條紋模樣，就連卡通獄服也如出一轍，以至於有許多人一想到條紋衣便直接聯想到囚服。事實上黑白相間的囚服，只在美國歷史上出現過一段很短的時間，其他地區的囚服大多不是這種設計，例如臺灣，夏天是灰色的短襯衫、水藍色短褲，換季時改為長袖、長褲，但配色基本相同，所有衣服都必須寫上號碼，連內衣也不例外；鞋子有兩種，一種是休閒的藍白拖，一種是白色功夫鞋，鞋子不能有鞋帶，以免囚犯用來勒人或上吊。

用某方激進的角度來說，入獄是政治家最大的政治資本，青年汪精衛被攝政王關了兩年，成為護黨救國的大英雄；獨立領袖曼德拉（Nelson Mandela）被關了二十六年半，成為南非國父；李敖被政府關押五年，成為後來接觸政治的最大依靠。

紅色夾克的由來

一九八七年，中華民國宣布解除在臺灣實施了三十八年之久的戒嚴令，李敖順勢浮上文藝和政治檯面。在鳳凰衛視開播《李敖有話說》，開始了李敖所謂的口誅筆伐時期，他拳打國民黨，腳踢民進黨，將看不爽的人全都訓斥一遍。此時他開始穿起了第四件衣服——紅色夾克。

其實李敖從沒想過要穿紅夾克，前半生對紅夾克沒有一絲好感，對他來說，體面的西裝和長袍看起來順眼多了，即使和別人爭得口沫橫飛，外表也守得住體面。不過第一次擔任主播評論時，媒體老闆為了讓初次上陣的李敖顯得有辨識度，特別買了一件價值一萬二千元的紅色夾克給他，李敖不是很喜歡紅夾克，總是敞開拉鍊，讓襯衫與領帶露出來，盡量不讓夾克遮住原本的衣物。沒想到意外營造出一種文化痞子的氣息，亦正亦邪的感覺。經營了幾次節目，李敖的「文化痞子風」穿搭獲得了一定反響，他索性把心一橫，以後上節目都只穿紅夾克了。

生活在現在的我們以為衣服多、款式多，會穿搭才厲害，李敖在節目上穿著的樣式卻幾乎一樣，這不是因為他不懂打扮，相反地，他對穿著一向非常注重，經營節目後之所以定格，是因為固定的衣著能讓觀眾第一時間體會李敖獨特的穿搭精神：

一、**外套：**紅色夾克。

辨識度高，不老氣，具有戰鬥精神，符合李敖的性格，記得敞開露出領帶。

二、**卡其褲：**平淡的卡其色。

三、**衣服：**白色或淡藍色襯衫。

適當地中和具有攻擊性的紅色，不會有輕浮的感覺。

外套與褲子皆屬暖色系，冷色的襯衫剛好能讓顏色和諧，將襯衫塞到褲子裡，顯得土氣又特別。

四、領飾：略大的花色領帶。以暗色系為主，遮蓋單調的襯衫，增加視覺的立體性。

五、皮帶：暗色系。不搶走衣物焦點，卻能點綴其中，以深咖啡色或黑色為主。

六、眼鏡：帶有色彩的鏡片。透明鏡片會讓說歷史的李敖像個書呆子，暗黃色或暗藍色能使穿戴者變酷。

李敖的衣著看似百世不易，但卻是精挑細選，琢磨出來最順眼的搭配，單一不變也許令人費解，但迎來的好處卻多不勝數，一來獨具標誌性，二來永遠不會害怕穿搭失敗，出現一個單獨且不搭的顏色。這就是李敖的生活智慧，少了這些特徵，李敖就不是李敖了。

隨著李敖的名聲愈來愈響，他的衣著也遭到其他人調侃。

一九九〇年代的臺灣是綜藝劇最光鮮亮麗的時期，人才輩出、群星雲集，而那時最流行的主題，自然少不了扮演、調侃政治人物，有人模仿一口外省腔調、穿上一件紅色外套、就敢走上舞臺扮演李敖，這可將李敖給氣壞了，不僅是因為自己成了劇中的丑角，更是因為那名演員——唐從聖「穿的紅夾克太便宜了，我的紅夾克三、四萬元，他的只有二百九十九元」。李敖愈想愈氣，循著機會找到了從從，開口就說：「我知道你這個小王八蛋。」從從當下不知所措，李敖接著開玩笑說：「不用緊張，第一次見面在攝影棚，下一次就在法院，我要告你，告死你哦！」

狂人從政

一九九〇年代至二〇〇四年，是李敖名聲最旺的時期，他是新聞的寵兒、八卦的中心，老年人的知識來源，年輕人的崇拜對象，史學界不可撼動的文曲星，政治界吐露真話的實在人，李敖當年之魅力難以用短短幾行形容，追隨者實在是太多了，隨便寫一本書，也能在臺灣登上暢銷寶座。李敖在五家電視頻道經營六個電視節目，節目名稱一律冠上李敖大名，因為電視臺知道，李敖的名字就意味收視率穩定。

李敖批評時政，也難免被別人批評。有人罵李敖事後諸葛，倘若他親自當政，肯定不會處理得比其他人好。這話可將李敖心裡最深的那股欲望點燃了，他雙手一握，向媒體狂言自己將步入政壇。

他真的做到了。

李敖首先在二〇〇〇年競選中華民國總統，落選後退而求其次，參加二〇〇四年立法委員選舉，他不玩普通政治家的套路，既不拜票、也不發傳單，但僅憑他的超高知名度，仍成功當選第六屆立法委員。

政壇時期，李敖穿著紅色戰袍，手捧一張大剪報，威風凜凜地站在質詢臺上，可以滔滔不絕罵上一個小時。他罵人都是有所根據，腦內彷彿有排列整齊的資料庫，想用什麼長篇典故反駁即可輕易點選。李敖有一句千古金句，足以辨別他與其他立委的差距，「我罵人的方法就是：別人都罵人是王八蛋，可我有一個本領，我能證明你是王八蛋。」

生活在臺灣的我們肯定知道，立法院經常爆發鬥毆事件，有時鬧得太大還會躍上國際版面，也許他們只是為了博得版面或作秀，不會真的危害別人安危，但李敖卻不這麼認為。高齡六十九歲的他，深怕別人和他打架，隨身攜帶電擊棒和小刀，還記得李敖的真皮腰帶嗎？李敖進入立法院前會將武器塞在皮帶，再用寬鬆的紅色夾克罩住，一般人根本看不出來。當有人越過應有的身體界線，李敖就會將左手悄悄放到腰間以防萬一。

李敖有次真的用上武器了，但不是別人要動他，而是他要動別人。為了阻擋軍購案過關，李敖竟然失去理智，大罵國防部是「美國的看門狗」，罵完還無法消氣，從背後掏出催淚瓦斯：「女士們先離開！你們若不離開，也要走開，我給你們看看威力呀！」他拿起手中噴灌一按，臭氣瓦斯噴湧而出：「你們受不了的。」刺鼻的氣味，嗆得眾立委眼淚直流，到處走避。

二〇〇七年，李敖宣布退出政壇，自稱以後要恢復作家身分的他，借用徐志摩的詩句加以改造，語氣誇張地說：

「重重的我走了，正如我重重的來，我揮揮衣袖，帶走了全部雲彩。」

再見李敖

二〇一七年初，八十二歲的李敖被診斷出罹患腦瘤，病情惡化的速度比想像中快，腦瘤嚴重壓迫到他的左腿神經，也影響到吞嚥功能，「宋子文就是吃飯的時候嗆死了，我必須面對隨時被嗆死的危險」，但他在病痛之時仍不改幽默，有一次護理師讓李敖說自己名字，李敖說「我叫王八蛋」，把大家都逗笑了。

他終於卸下了紅色戰袍，換上了人生中最後一套衣服，這套衣服沒有名字，也沒辦法用短短幾字概括。李敖為了買這件衣服可能找了很久，簡直是為自己的人生總結一樣，既像年輕時的長袍，又像中年時的白襯衫，有象徵中華的中國結，又有西方氣息的翻折領，布料是淡藍色棉麻類，整體看來輕薄卻又不失莊重，中西合璧、整齊劃一。李敖穿上這件衣服，走上了人生的盡頭。

二〇一八年三月十八日，李敖在臺北榮民總醫院過世了。據他的兒子李戡回憶：「他走得很乾脆，沒有痛苦，就像回憶錄裡寫他爺爺『死得如此清醒俐落，真是高人的死法』。」

李敖是個狂放不羈的人，有很多人討厭他的個性，認為在中華文化中是不可取的，但他從來沒有把這些話掛在心頭，與其說李敖是不合格的知識分子，不如說他是一位實至名歸的「士人」。所謂「士不可以不弘毅，任重而道遠」，一個有責任的士人，心胸不可不寬大，意志不可不剛強堅忍，即使長袍多麼酷熱、紅夾克多麼引人側目，李敖還是「我行我素，吾愛吾袍」，履行他的穿衣之道直到人生的最後一刻。縱使李敖在某些方面過得一塌糊塗，就衣著來講，也算是一名貫徹始終的「另類君子」吧！

同場加映

民國最狂軍閥
——出版過詩集的草莽將軍張宗昌

人物小檔案

張宗昌（一八八一年二月十三日～一九三二年九月三日）
中華民國北洋政府軍事將領，奉系軍閥要人，曾在山東及青島等地橫徵暴斂，釀成了「青島慘案」。由於政治風評不佳，時人蔑稱為「五毒將軍」、「狗肉將軍」。

民國的軍閥多不勝數，但能夠玩到像張宗昌這麼狂的人，可沒有幾個。

張宗昌沒有受過正規教育，也沒有任何家世背景，十句話有九句帶著髒字，但卻靠著寬厚大度、重義輕利的個性，硬是在群雄四起的東北撐起一片天，甚至曾名正言順地擔任山東省主席。不過，如果就這麼斷定他是武夫，那可就太武斷了，這位草莽將軍也有文人墨客的一面。

張宗昌從未受過教育，不懂舊詩的規則，也不懂新詩的美感，卻總喜歡學讀書人悲秋傷春，雖然底子不夠，寫出來的詩俗不可耐，不過他倒是樂在其中，經常自比為唐宋大家。

他的詩詞究竟長什麼樣呢？請看這首〈詠雪〉：

什麼東西天上飛，東一堆來西一堆。莫非玉皇蓋金殿，篩石灰呀篩石灰。

嗯……真是韻味無窮，童貞返照。

北漂青年張宗昌

張宗昌出生於滿清末年的貧寒家族，由於出生在農曆正月十五的元宵節，當時的人習慣在這天賞花燈、猜燈謎，因此張家為新生兒取了個小名叫「燈官」，後來他的家教嫌這個名字不好聽，為他取了大名——張宗昌。

之所以叫做張宗昌，是鼓勵張家宗族昌盛，張家很窮，張宗昌曾回憶說：「小時候只有讀過幾個月私塾就被迫出來為家庭分憂了，放過牛，做過槍手、酒保等，但仍經常忍饑挨餓。」老爹張萬福是個吹鼓手，往來於喜慶及喪事間，老爹想讓他克紹箕裘，張宗昌卻說：「屁，我才不幹呢！吹那破玩意兒能吹來女人嗎？」

三十年河東，三十年河西，現今山東雖然是經濟強省，但放在清末時期，山東可真不是人待的地方，地勢爛，環境差，且常常遇荒年。張宗昌在山東掖縣過得有一餐沒一餐，於是在朋友的慫恿下離開家鄉，闖關東[1]。

張宗昌闖關東期間一路流浪，能幹什麼就幹什麼，即使腳底走得冒泡，同行者都陸續回去，他仍然咬牙堅持。張宗昌發達後，回顧這段時光時，曾即興做了一首〈雪日大便〉：

大雪紛紛下，烏鴉啃樹皮。
風吹屁股冷，不如在屋裡。

此詩表面上看起來膚淺，實際上卻蘊含著大道理，張宗昌獨自走在前往關東的路上，沿途只有啞啞的烏鴉伴隨，大雪遮住茫茫前路，寒風吹動著破爛衣服，張宗昌表面抱怨「不如在屋裡」，心裡卻仍不願意放棄夢想，這是多麼詩情畫意的場面啊！

終於在一八九九年，張宗昌來到遼東半島，順利參加了中東鐵路的建設工作，當過築路工、裝卸工和扳道工。由於張宗昌身高一百九十公分，加上平時寬厚大度，重義輕利，有事沒事就包妓院給好友，還會說一口流利的俄語，久而久之就累積了一群跟著他的小兄弟。

又過了幾年，張宗昌已經是當地的一名小老大了。他率領一幫小弟跑到人稱「北方小上海」的海參崴，在那裡建立據點，成立保全組織和黑道組織，一方面收俄國人的錢，派小弟替他們顧店；一方面收老百姓的錢，威逼利誘，好不快樂。聰明的張宗昌靠著這種手段，很快成為全海參崴最具權威的黑幫老大，黃賭毒全包不提，據說還獨享各大妓院妓女的初夜權，讀書人看不慣他的作風，在《江蘇歌謠集》批評道：

張宗昌，真渾蛋；化子招了七八萬。

喊一聲，開步走；破鞋扔了一大堆。

不過，此時張宗昌對名聲的好壞已經無所謂了，他有錢的境界已經超乎大家想像。被罵無所謂，被騙無所謂，只要有錢就大家花，女人更是隨取隨用。北方江湖上的兄弟們爭相投奔，陪他花天酒地，共享人間之樂。張宗昌還真把自己當回事，自詡為平民皇帝劉邦，他在新版〈大風歌〉裡說：

大砲開兮轟他娘，威加海內兮回家鄉。
數英雄兮張宗昌，安得巨鯨兮吞扶桑。

或許是因為血液裡有天生的叛逆基因，辛亥革命爆發後，張宗昌被革命黨人糊弄了幾回，就率領八百義軍南下上海發起革命，在人稱「革命瘋子」的陳其美手下如魚得水，先當團長，後做旅長，後來倒戈投靠北洋軍閥馮國璋，做了師長。有次打了一場大敗仗，張宗昌本來想要透過賄賂的方式化解危機，沒想到卻被上級嚴詞拒絕，他一怒之下，連兵都不想當了，直接回到發跡之地東北，投靠張作霖。

最初，張作霖很怕張宗昌，擔心他人緣太廣，靠人脈把自己扳倒，所以只給了憲兵營長的職務，也不讓他上前線。誰知道在直奉兩次大戰期間，吉林等地有人造反，張宗昌帶少數的人前去鎮壓，兩軍僅在對壘階段尚未開打，對手便哭喊著投降，原來對方是之前認識的老弟兄。就這樣，張宗昌迅速搞定黑龍江和吉林兩省，還收了許多兄弟。

張作霖父子對他是一個頭、兩個大，要消滅他嗎？不行，沒有理由；要繼續留著他嗎？不行，將來肯定會造反。張作霖不想留他，又不想讓他在後方坐大，只好派他到山東當主席。

張宗昌的極品詩詞

張宗昌任職山東省主席期間順心如意，或許是為了附庸風雅，他喜歡在閒暇之餘作詩。雖然世人多把他的詩當笑話看，但張宗昌至少在「風格」、「想像力」兩個地方的表現還算不賴。風格上，張宗昌文筆特殊，讓人過目不忘；想像力上，張宗昌直抒胸臆，有什麼說什麼，讓閱者都會感到一股豪放氣息，不禁令人嘴角飛揚。先來欣賞一下這首〈大明湖〉：

大明湖，明湖大，大明湖裡有荷花。
荷花上面有蛤蟆，一戳一蹦躂。

您可別說沒水準，這叫做「有想像力」，一位可以藐視一切的獨裁軍閥，竟然對一隻小蛤蟆產生細膩觀察，真是別有一番趣味。

我們再看看即興之作〈遊蓬萊閣〉：

好個蓬萊閣，他媽真不錯。神仙能到的，俺也坐一坐。
靠窗擺下酒，對海唱高歌。來來猜幾拳，舅子怕喝多！

我想，能夠將五言律詩搭配髒話的詩人，全天下大概只有張宗昌一人吧！

說起髒話，古代也有一個個性類似張宗昌的人物，同樣出生平民，同樣成為一方霸主，同樣字字珠璣，他的名字叫劉邦。張宗昌似乎有感「英雄惜英雄」，專門寫了一首〈笑劉邦〉給他：

聽說項羽力拔山，嚇得劉邦就要竄；
不是俺家小張良，奶奶早已回沛縣。

張宗昌總是喜歡亂認親，歷史故事中遇到姓張的人物，就把他視作自己祖先，「俺家小張良」即是和張良裝熟。再來看看這首〈遊泰山〉：

遠看泰山黑糊糊，上頭細來下頭粗。
如把泰山倒過來，下頭細來上頭粗。

「若把泰山倒過來」這句話很有意思，當初讀到此處，我還以為張宗昌那麼有文化，想以泰山來暗示自己要把腐敗的政府倒過來，原來他也是一名胸懷大志的好漢啊！沒想到下一句就原形畢露了。

最具個性的還得說那首〈求雨〉，一九二七年，山東一帶臨大旱，滴水不落，大地龜裂，莊稼枯乾而死。張宗昌帶領文武百官到龍王廟求雨，可是這雨就是不下，張宗昌暴怒不已，跳上神案，向龍王猛打了數個巴掌，接著說道：

玉皇爺爺也姓張，為啥為難俺張宗昌？
三天之內不下雨，先扒龍皇廟，再用大砲轟你娘。

張宗昌一時衝動，不但忘了道德規矩，連字句對仗也忘了。龍王硬脾氣，過了一星期後還不下雨，張宗昌氣得七竅生煙，命令隊伍架起大炮，向青天開炮，說也奇怪，大炮這麼一轟，天氣很快就由晴轉陰，一場大雨瓢潑而下。

搞笑的是，張宗昌這些打油詩，後來竟然編成詩集，叫做《效坤詩鈔》，據說還譯成了英文在海外出版，也不知道哪個奇葩出版社就是了。

真是一群大渾蛋，全都渾你媽的蛋

一九二八年四月三十日，國民政府的北伐軍三方包圍濟南城。張宗昌不願投降，竟讓出地盤交給日軍接防，隨後倉皇逃走，結果日軍不遵守對張宗昌的承諾，毫無規矩地大肆搶劫，瘋狂屠殺中國軍民，導致「五三慘案（濟南慘案）」發生。張宗昌原本想利用日軍的聲勢狐假虎威，不料弄巧成拙，成了協助日本、賣國求榮的罪人，受到各方壓力而被迫辭職。

九一八事變後，張宗昌眼看時局不錯，打著抗日的招牌企圖東山再起，向國民政府表示願意戴罪立功，重新擔任山東省主席領導抗日。此時山東省主席是後起之秀韓復榘，是位官場老油條，他知道要是張宗昌當上主席，自己就要屈居副手之位了，豈能容下這等心頭大患。

張宗昌到了山東，韓復榘一方面徵招刺客，企圖暗殺張宗昌；一方面擺擺樣子，對張宗昌甚是友好，三日一小宴，五日一大宴，張宗昌非常自得，絲毫沒察覺到危險逼近。

一九三二年九月三日下午，張宗昌吃飽喝足，準備帶著護衛從濟南火車站回北平，站在車廂門口告別時，突然一聲槍響，張宗昌朝聲響處看去，只見一名陌生人手持駁殼槍[2]怒目而視，張宗昌掉頭就跑，被刺客追逐了許久，還是沒能逃過命運，被那名陌生人亂槍打死。

陌生人是誰呢？是山東省政府參議鄭繼成，他的養父是西北軍閥鄭金聲將軍，在某次戰役中遭張宗昌俘虜。鄭金聲的戰術活躍，兵強馬壯，在戰爭時期帶給張宗昌許多麻煩，讓他恨之入骨。很多人勸說殺俘不祥，但張宗昌執意不聽，槍斃就算了，還不讓別人收屍。他的兒子鄭繼成在韓復榘的資助下刺殺成功後，在各界強烈呼籲下，不但被赦免罪刑，還被冠上超高評價，後來參加了抗日部隊，功成名就。相比之下，張宗昌就略顯遜色了，由於他結交的大多是狐群狗黨，都是不折不扣的機會主義者，他死後，那些所謂的兄弟們就鳥獸散了，根本不管張宗昌的遺體如何處置，以至他暴屍一天後才被收殮。

說來諷刺，張宗昌素來鄙視政治，自視「清流」，到頭來還是死於政治算計之下。他生前有一首〈渾蛋詩〉，表達出心中所想：

你叫我去這樣幹，他叫我去那樣幹。
真是一群大渾蛋，全都渾你媽的蛋。

---

1 闖關東是個專有名詞，山海關以東北是滿洲人的發源地，大清帝國覺得很神聖，所以不讓漢人進去，但清末時期，政府已經管不動人民，數百萬至數千萬的農夫趁勢跑到關東，在肥沃黑土的幫助下，順利創造事業。

2 毛瑟C 96 (Mauser C96)，是一種由毛瑟在一八九六年製作的半自動手槍，在中國稱為盒子炮或匣子槍，也有駁殼槍、快慢槍等別稱。

HISTORY 047

民國文人檔案，重建中

作　者——江仲淵
主　編——邱憶伶
責任編輯——陳映儒
行銷企畫——陳毓雯
封面設計——兒日
封面插畫——久久童畫工作室
內頁設計——張靜怡
編輯總監——蘇清霖
董事長——趙政岷
出版者——時報文化出版企業股份有限公司
一〇八〇一九臺北市和平西路三段二四〇號三樓
發行專線——（〇二）二三〇六—六八四二
讀者服務專線——〇八〇〇—二三一—七〇五
（〇二）二三〇四—七一〇三
讀者服務傳真——（〇二）二三〇四—六八五八
郵撥——一九三四四七二四時報文化出版公司
信箱——一〇八九九臺北華江橋郵局第九九號信箱
時報悅讀網——http://www.readingtimes.com.tw
電子郵件信箱——newstudy@readingtimes.com.tw
時報出版愛讀者粉絲團——https://www.facebook.com/readingtimes.2
法律顧問——理律法律事務所　陳長文律師、李念祖律師
印　刷——紘億彩色印刷有限公司
初版一刷——二〇二〇年五月八日
初版三刷——二〇二三年五月十七日
定　價——新臺幣三八〇元

時報文化出版公司成立於一九七五年，
一九九九年股票上櫃公開發行，二〇〇八年脫離中時集團非屬旺中，
以「尊重智慧與創意的文化事業」為信念。

民國文人檔案，重建中／江仲淵著. -- 初版.
-- 臺北市：時報文化, 2020.05
336面；14.8×21公分. --（HISTORY系列；47）
ISBN 978-957-13-8179-4（平裝）

1. 民國史　2. 人物志　3. 軼事

628　　109004824

ISBN 978-957-13-8179-4
Printed in Taiwan